情绪智能

领导力提升操作指南

〔美〕大卫·卡鲁索　〔美〕丽莎·里斯　著

沈　燎　张　锦　译

ZHEJIANG UNIVERSITY PRESS
浙江大学出版社

图书在版编目(CIP)数据

　情绪智能：领导力提升操作指南 /（美）大卫·卡
鲁索(David Caruso),（美）丽莎·里斯(Lisa Rees)
著;沈燎,张锦译.—杭州：浙江大学出版社,
2021.1
　书名原文：A Leader's Guide to Solving
Challenges with Emotional Intelligence
　ISBN 978-7-308-20004-2

　Ⅰ.①情… Ⅱ.①大… ②丽… ③沈… ④张… Ⅲ.
①领导人员－情绪－自我控制－指南 Ⅳ.①C933－62
②B842.6－62

　中国版本图书馆 CIP 数据核字(2020)第 028126 号

情绪智能：领导力提升操作指南
（美）大卫·卡鲁索(David Caruso),
（美）丽莎·里斯(Lisa Rees)　著
沈燎,张锦　译

策划编辑	祁　潇　盖君芳
责任编辑	祁　潇
责任校对	吴水燕　董　唯
封面设计	周　灵
出版发行	浙江大学出版社
	（杭州市天目山路 148 号　邮政编码 310007)
	（网址：http://www.zjupress.com)
排　　版	浙江时代出版服务有限公司
印　　刷	浙江省邮电印刷股份有限公司
开　　本	787mm×1092mm　1/32
印　　张	5.75
字　　数	101 千
版　印　次	2021 年 1 月第 1 版　2021 年 1 月第 1 次印刷
书　　号	ISBN 978-7-308-20004-2
定　　价	29.00 元

序　言

国际著名情绪智能研究专家卡鲁索博士和里斯女士合著的《情绪智能：领导力提升操作指南》(中文译作)即将由浙江大学出版社出版，这是一件可喜的事情。

随着全球化的发展，社会越来越需要全面发展的人才。面向新时代，全国教育大会指明了要"以凝聚人心、完善人格、开发人力、培育人才、造福人民为工作目标，培养德智体美劳全面发展的社会主义建设者和接班人，加快推进教育现代化、建设教育强国、办好人民满意的教育"①。而把时间追溯至 2013 年 5 月 14 日，习近平总书记在天津和高校毕业生等座谈时就谈到，做实际工作情商很重要，更多需要的是做群众工作和解决问题能力，也就是适应社会能力。对于大学生而言，提升情商不仅仅是社会工作需要，更是全面发展的需要，成长成才的需要，报效国家的需要。提升情

---

① 习近平：坚持中国特色社会主义教育发展道路培养德智体美劳全面发展的社会主义建设者和接班人. 人民日报，2018-09-11(01).

商,有助于更好地理解自己、表达自己,有助于更好地进行情绪管理。情商是养成理性平和健康心态的关键要素。因此,对于情商科学的借鉴及对情绪智能的研究,是推进新时代高等教育事业发展的重要组成部分。

"高校思想政治工作关系高校培养什么样的人、如何培养人以及为谁培养人这个根本问题。要坚持把立德树人作为中心环节,把思想政治工作贯穿教育教学全过程,实现全程育人、全方位育人,努力开创我国高等教育事业发展新局面。"①研究情绪智能对于落实立德树人根本任务大有裨益。抓好德育,尤其是高校的思想政治工作,需要学习借鉴其他学科的理论与方法,其中就包括情商科学。情商科学是研究人的情绪及其发展规律的学科。把握人的情绪,对于正确地理解人、认识人是有帮助的,情绪是把握一个人心理活动和情感的重要切入点。做思想政治工作所要求的"从实际出发",就是要从人的情绪和情感出发,进而认识人的思想,有的放矢地做好思想工作。大学是培养和造就人才的地方,提升大学生的情商,塑造健康人格是高校思想政治工作队伍的重要工作。研究情绪、把握情商科学应该成为高校思想政治工作队伍的基本功。大学生的情绪和情商

---

① 习近平:把思想政治工作贯穿教育教学全过程开创我国高等教育事业发展新局面.人民日报,2016-12-09(01).

在各类学生群体中更加丰富和多样，更需要掌握科学的情商理论和方法，更加需要把情商科学与思想政治工作有机结合，构建富有中国特色、独具思政风格的情商科学教育体系。

浙江大学始终将立德树人作为立校之本，提倡德才兼备、全面发展的人才培养体系并不断强化拔尖创新人才培养，提出了"培养德智体美劳全面发展、具有全球竞争力的高素质创新人才和领导者"这一定位准确、战略前瞻的人才培养目标。自 1995 年首次提出要塑造大学生的"高尚人格"，到 2008 年提出人格教育与知识教育相结合的新型本科教育内涵，再从以人为本强调知识、能力、素质并重的"KAQ1.0"到定位于知识传授、能力培养、素质提升、人格塑造"四位一体"的"KAQ2.0"，浙江大学勇立时代潮头、与时俱进、锐意改革，积极探索中国特色社会主义新时代下"人格为先"的人才培养理论与实践模式，在大学生情商教育和情绪智能研究上走在前列。

卡鲁索博士和里斯女士所撰写的《情绪智能：领导力提升操作指南》，虽主要针对企业界的管理者，指导其更好地掌握和发挥情绪智能的力量，进而做出最佳决策。但其中包含的科学方法及其背后蕴含的科学理论对高校思想政治工作队伍亦启发良多。

第一，本书作者根据自己数十年对情绪智能的研究和培训经验，创造性地提出了在实践中把握情绪智能的 4 种关键要素：感知情绪、应用情绪、理解情绪和管理情绪。其中，最重要也是最先处理的是感知情绪，即全面获得和准确映现来自人们的各种情绪数据，以达到应用、理解和管理情绪的最终目的。把握情绪要从感知入手，这与辩证唯物主义认识论主张"感性认识是认识起点"的看法是相似的。

第二，应用情绪的核心是自我匹配，即将自己的情绪与手头的任务相匹配。如同本书所述，需深刻地认识到哪些情绪最有助于自己实现目标；哪些情绪要比另外一些情绪对工作更有所助益。一个杰出的教育工作者，如果掌握这一情商技能，就会自然地创造出一种和谐的工作氛围，更有利于相互沟通，进而助推团队舒心地完成工作任务。应用是完成工作任务的工具和手段，有什么样的工作任务，就应该创立什么样的情绪氛围，运用什么样的情绪智能。

第三，理解情绪的目的，是为了确切了解最初有哪些因素导致情绪的产生，以及随之出现的各类情绪现象。我很欣赏作者在书中所提出的情绪轮，它清晰地显示出情绪进展的全过程。同时，一般情绪还会通过融合，发展成复杂情绪。而精准地识别各类情绪，会协助我们在工作中更好地理解他人。作为一个教育者，除了要理解学生的情绪，更要让学生能充分表达自己的情绪，如此才能真正地做到双向沟通和消除误解。把握情绪发展的过程及其规律，使思想政治工作具有前瞻性和预见性，保持工作的主动性，将大大提升思政工作的成效。

第四，管理情绪是作者所构建情绪智能框架的最后一步，也是最难掌握的一种情绪能力。思想政治工作队伍主要与人打交道，工作千头万绪，每天都要面临着各种复杂多变的情绪挑战。要成为一个具有高情商的思政教育者，首先要管理好自己的情绪，在情绪管理中体现为人师表的要求，如此才能保持最佳的情绪状态，进一步改善和提高自己的工作绩效。

在本书中，作者杰出的贡献是将以上4种情绪能力（感知情绪、应用情绪、理解情绪和管理情绪）进行有机地组合，并形成情绪智能蓝图。这是我们阅读此书，并在日常工作中应该学会的一种思想。为了便于读者理解和应用情绪智能蓝图，作者在书中列举出众多与领导力相关的工作实例和解决方案，以帮助我们面对各种情绪挑战。

"学习是文明传承之途、人生成长之梯、政党巩固之基、国家兴盛之要。"[①]面向新时代，唯有不断的学习和实践才能解决"本领恐慌"。希望高校思想政治工作者能够从书中获得有益的启发，根据自己所处的工作境遇，找出最匹配自

---

① 习近平：主动来一场"学习的革命". 新华网，2015-08-12：http://www.xinhuanet.com/politics/2015-08/12/c_128121051.htm.

己的实践蓝图，并经过长期的努力，成长为一名可驾驭情绪
力量、具有高情商的新型教育工作者。

是为序。

邬小撑于求是园

2020 年 9 月 18 日

译者序言

你即将要展卷阅读的《情绪智能：领导力提升操作指南》是由国际情绪智能培训专家大卫·卡鲁索（David Caruso）博士和丽莎·里斯（Lisa Rees）合作撰写的，这两位作者均拥有数十年的综合实践经验和丰富的学术专业知识。作为本书的译者，我们得以首先阅读全书，从而受益良多。

我们认为，作者卡鲁索和里斯的写作目的是提示广大读者，尤其是那些终日忙碌的领导者，要深刻认识情绪在工作场会中的重要性，并从中学习更多的关于如何利用情绪的力量、掌握有效的情绪智能技能和技巧的知识，以应对棘手的日常挑战。事实上，具有高情绪智能的领导者能够对现实环境产生积极影响，并不是依靠其自身的职位和权力。

那么，如何通过增强情绪智能来进一步提升自己的领导力呢？两位作者为此创造性地提出了情绪智能三要素：（1）情绪即是数据；（2）情绪有助加强思考；（3）所有的情绪都可以是适应性的，能使人变得聪明的。这些重要的观点直接关系到领导者及其追随者在风云变幻的职场中，如何生存下来并得到茁壮成长。同样，它们也促使我们在艰辛的翻译过程中，逐渐认识和领略到本书的深邃内涵及其独到的特色。

这本书的第一个特点是通俗易懂，清晰凝练。作者力图把艰深的专业术语化为读者易于理解的普通常识。从结构上看，全书主要由三部分组成。书中的每一部分都写得简明扼要，图文并茂，同时辅以各种表格、有益的提示和实际操作练习以及详尽的情绪应对步骤和调节策略。

在第一部分，作者首先概述了情绪智能的结构框架，主要包括四种基本的情绪能力（感知、应用、理解和管理）以及它们之间的协同作用，由此构成了整体情绪智能。为了帮助读者更好地理解和记忆情绪能力，作者又巧妙地为每种情绪能力加之一种常见的俗称：映现/感知，匹配/应用，解意/理解和移动/管理，从而启迪读者通过学习这四种情绪智能技巧，从获取准确的情绪数据开始，到利用情绪做出最佳的决策，再到理解情绪出现的成因，最后达到更有效地管理情绪。

为此，本书的作者还明确提出，情绪对个人和组织来说都是至关重要。因为所有的情绪，甚至是好的情绪，均可能在工作中以及在具有挑战性的环境下导致巨大的压力。从这方面讲，阅读本书可为领导者学习如何利用情绪的力量来建立良好的人际关系和相互信任奠定坚实的基础。

　　这本书的第二个特点是理论联系实际，注重应用指导。在本书的第二部分，作者通过构建不同类型的情绪智能领导者蓝图和列举大量的工作实例，指导读者进一步体验工作场合中经常面临的各种情绪挑战，同时还向读者提供了不同的解决方法和执行策略。从实用的角度出发，这一系列情绪智能蓝图在操作本质上都是相互贯通的，读者完全可以根据自己的需要来吸收和仿效。

　　市面上流行的一些有关情绪智能和领导力的理论著作，往往写得博大高深，一方面令读者难以抽出大块的时间来完成阅读和消化，另一方面严重缺乏操作的可行性，更谈不上给予读者以明确无误的指导。而本书的作者则基于众多领导者的个人经历及与客户的沟通，从中总结归纳出许多宝贵的、体现不同程度情绪智能的经验教训，并在此基础上形成了25种情绪智能操作蓝图。这些蓝图几乎全面涵盖了领导者在日常工作中必然遭遇的种种情绪事件和冲突场景，既有具体的行动执行步骤，又有明确的指导解答，充分体现了作者对工作现场领导力敏锐的观察和全方位的分析。如同作者所指出，熟练地掌握情绪智能领导者蓝图，再加以大量的实践练习，你就可以自如地驾驭情绪的力量，从一个合格的领导者转变为一个优异的领导者。

　　这本书的第三个特点是具有鲜明的独创性。作为享誉全球的情绪智能培训专家，作者把学术科研、实践应用与教学辅导中的高超能力和充沛热情完美地结合在一起，旨在为读者提供一种有效的学习方式——利用情绪智能的各种实用技能和技巧，助你尽快提高和改善自己的领导力绩效。

作者在本书的导言中特别强调，这不是一本专门论述情绪智能和领导力的学术著作，而是一本有关如何运用情绪智能技能的实践指南。通过阅读和理解本书的内容和要点，领导者们将意识到，仅凭组织管理特长和专业能力本身是不能帮助他们在模棱两可、复杂多变和充满不确定因素的工作环境中正确地"航行"和发展的。因为在自己和他人的情绪中都蕴含着巨大的能量，必须在工作和职场中首先学会正确地感知、理解和管理自己和他人的情绪，这样才能迅速把握领导工作的主动权，在具有一般领导力的基础上更进一步。这也正是本书不同于其它情绪智能理论著作的独特实用价值。

这本书的第四个特点是知识提供完备而系统，其具体表现在第三部分中，作者向读者全面介绍了与情绪智能能力模型相关的常见问题与解答，以及相关的附加资源，包括有应用价值的情绪智能网站、参考资料和重要研究文献目录等。另外，还向读者详尽地推荐和介绍了测量情绪智能的一种重要工具——MSCEIT情绪智能测试。

从本书的论述中，我们会体会到，识别和理解他人的情绪并非易事，而准确地预测自己和他人的情绪更是难上加难。为此,美国三位著名的心理学家约翰·梅耶(John Mayer)、彼得·萨洛维(Peter Salovey)和大卫·卡鲁索(David Caruso)在 2002 年共同开发了一种基于能力的情绪智能测试,并以三人的姓氏命名为 MSCEIT 测试。

经过近 20 年的实际检测,MSCEIT 测试今天已被世界各国和学术界公认为是科学有效、权威的情绪智能测试量表,也是个人获得能力情绪智能信息的直接途径。除了英语版,MSCEIT 测试目前已被翻译为汉语、日语、韩语、马来西亚语、西班牙语、俄语、法语、德语、意大利语、希腊语和阿拉伯语等多种语言版本。

总之,通过对本书的翻译,我们进一步认识到两位作者在研究情绪智能和普及情绪智能方面所做出的巨大贡献,以及他们深厚的情绪智能理论功底和丰富的实践培训经验。因此,广大读者若在阅读本书的过程中发现各种问题,包括误译和错译等,都是我们自身的翻译和理解问题,谨在此表示深深的歉意。

最后,我们还要诚挚地感谢浙江大学出版社盖君芳和祁潇,正是这二位编辑的辛勤努力和杰出工作才使我们酝酿许久的愿望得以实现。

译者

2020 年 7 月于浙江大学紫金港校区

中文版序言

我们相信本书对于那些想要成为更富于影响力的中国领导者来说，蕴含着巨大的价值。当然，我们的写作对象也包括那些还没有担负领导职责，但正在努力谋求这一职位的后来者。我们通过本书要指出的是，你已在努力工作以扮演好当前的领导角色，同时也拥有教育素质、工作技能和实践经验这一整套的本领，但你很可能还没有达到开发卓越领导力所必需的水准，即作为一种硬技能的情绪智能。

我们对情绪智能的研究重心是将情绪作为一种信息或数据形式。为此，我们力求帮助领导者将情绪与完成工作任务和构建团队相匹配，并在它们之间打造一条稳固的联系纽带。尽管我们已认识到优秀的领导者都会烘托出一种愉悦的情绪氛围，然而诸如悲伤和焦虑等负面情绪有时也可能是明智的，甚至是有所助益的。其中的关键在于，领导者在做决策和与他人互动时，要把情绪当作数据来考虑。本书将协助你理解和掌握来自情绪智能的 4 种重要能力，以及它们又是如何协同应对领导者每天都会面临的艰巨挑战。

作为本书的读者，你可能对情绪智能有所了解，但你或许不甚清楚美国著名心理学家约翰·D. 梅耶（John D. Mayer）和彼得·萨洛维（Peter Salovey）在 1990 年所提出的情绪智能经典理论。在他们的科学论述中，情绪也等同于信息或数据，而且有助于提高你的思维能力。此外，情绪智能还是人类智能的另一种形式，与你的一般智能或分析能力相关。换句话说，你既可以拥有高水平的智商，也可以拥有高水平的情商。同时，这也意味着你所掌握的各种情绪智能技能——正如我们在本书中描述的那样——是一组可被量化和证明的"硬"实力，而不是那种难以被具体证明的"软"实力。

这些情绪技能在领导力方面乃至日常生活中都起着重要的作用。第一种情绪技能是准确感知或解读自己和他人情绪的能力。要想成为一名高情商的领导者，首先就需要认识和了解自己和他人所体验到的各种情绪。例如，你的团队成员是否真的相信你提出的新理念就是一个好主意？这是一个发自内心的微笑，还是他们认为你的想法有问题，但又不愿意大声说出来？第二种情绪技能是匹配情绪的能力。你想要创造一个理想的决策环境，就必须将自己正确的情绪与手头的任务相匹配。还有，如果你的员工都精力充沛，那么集思广益讨论会可能就会更有效，而事后总结回顾却需要更多的沉思默想。第三种情绪技能是理解情绪的能力，也一种告诫：我们不希望领导者只信赖自己的直觉，而是希望领导者信赖那种经过分析的直觉。这样，领导者才具有远见，能真正洞悉情绪的成因，以及情绪又是如何变化和发展的，并在未来做出正确的决策。最后，第四种情绪技能是移动或管理情绪的能力，在你和他人之间生成一种和谐的情绪氛围，才能齐心合力把工作做得更好。

总之，情绪智能的科学理论具有跨文化的强大影响力。尽管不同背景的文化在如何表达情绪和在什么场合下表达情绪有一定的区别，但在大多数情况下，情绪智能的各种实用技能可适用于任何文化。我们在中国的研究和培训也证明，情绪智能科学理论在中国同样行之有效和深入人心。无论你是在哈尔滨还是广州，领导者们都可以利用情绪智能来获取事业成功。我们真诚地感谢多年来与我们见面并接受培训的中国领导者们，更希望本书能对你们的进一步发展和应用情绪智能技能有所助益。

最后，还要特别感谢浙江大学的同事们对我们在中国开展情绪智能研究工作所给予的关注和支持。

再次向各位致以深深的谢意！

大卫·卡鲁索

丽莎·里斯

2020 年 6 月 2 日

导 言

多年来,我们观察并指导了许多聪明、勤奋却在领导个人、团队或其组织上感到吃力的领导者。有关领导的方式有很多种,但成功的领导者往往都拥有很多技能和特质。

首先,我们相信,那些杰出的领导者均具有准确地解读情绪、驾驭情绪和理解情绪的成因并有效地管理情绪的能力。一句话,他们拥有高水平的情绪智能。

另外,领导者被任用以指导变革,主要是因为不愿意变革的组织已被淘汰且变得无关紧要。这就是为什么组织需要拥抱变革、领导变革,并在变革中得到茁壮成长的领导者。创新领导力中心(The Center for Creative Leadership, CCL)曾报道过有关 IBM 的一项研究,就领导力发展的未来,对 1500 名大公司首席执行官(CEO)进行了采访①。

这些 CEO 最担心和烦扰的是,当今的领导人没有足够

---

① IBM. Capitalizing on Complexity:Insights from the Global Chief Executive Officer Study. 引自 https://www-01. ibm. com/common/ssi/cgi-bin/ssialias? htmlfid=GBE03297USEN.

的能力在动荡、不确定、复杂和模糊不清的情况下发挥领导作用。因此，帮助领导者开发和培养他们在复杂的工作环境中成功导航和茁壮成长所必需的技能，在现在比在以往任何时候都显得更为迫切。

事实上，同一本 CCL 白皮书还谈到其他技能的重要性——超越技术能力的各种技能。世界经济论坛（The World Economic Forum）就曾指出，情绪智能（emotional intelligence）或情商就是未来劳动力市场所需要的十大技能之一[①]。我们同样相信，本书所讲授的许多情绪智能技能，也是成为一名杰出的领导者所必需的众多技能之一。

我们假定，你拥有出色的技术积淀、高水平的才智和丰富的实践经验。我们还假定，你掌握主要的加工流程和计划方案。然而，你可能不具有其他成熟先进的技能来理解和确定你的员工如何接受（或拒绝）其工作程序，以及情绪对实现组织目标所产生的影响。这就是我们写作本书的原因。

这不是一本有关领导力的著作，而是一本有关领导者和追随者如何运用情绪智能技能的实践指南。具有高情绪智能的领导者能够对世界产生积极影响，而不是依靠其自身的职位和权力。实际上，市面上已经有很多论述情绪智

---

① https://www.weforum.org/agenda/2016/01/the-10-skills-you-need-to-thrive-in-the-fourth-industrial-revolution/.

能的著作，还有更多论述领导力的著作。它们都展现了许多重要的见解。而本书旨在以最有效的方式，为你提供实用的技能和技巧，运用情绪帮助你成长为一个更高效的领导者。

本书还适合那些相信自己可成为一个卓越领袖人物的读者，他们希望构建信任，打造包括情绪联系在内的、强大的公共关系网。然而，情绪是多方面的，并且复杂得令人难以置信，只有情绪智能可为你提供一系列技能组合以助你更好地利用情绪。当然，情绪可助我们发挥信任的力量，但情绪也会阻碍我们实现目标。情绪还可以激发我们的能量，但许多领导者则感到，常被自身和他人所体验的情绪浪潮所淹没，他们不知道和不确信，如何才能有效地处理情绪——尤其是在情绪被贴上"消极"标签的时候。你将会看到，我们欣赏那些接纳所有情绪，而不只是盲目地鼓励开发"快乐"情绪的领导者。

过去几年来，对积极情绪的强调可能是出于心理学历史上侧重疾病关注的一种反应，但也有可能过犹不及。有些时候，焦虑是明智而有效的，例如，当你准备向董事会做一个重要的陈述。还有些时候，愤怒也是合乎情理的，例如，当竞争对手在嘲笑和羞辱你刚建成的新生产线①。通过理智地对待各种情绪，来了解你和他人的感受以及这些情绪有益或无益，你就可以利用情绪的影响力，成功地引导他人和你的组织实现变革。从长远来看，积极的情绪氛围自然会带来更好的结果。但是，悲伤、愤怒和焦虑等情绪也具有战术上的短期优势和效益，高情绪智能的领导者必须知道如何善用所有的情绪。

情绪智能：定义和起源

情绪智能对不同的人具有不同的意义。1995 年，美国哈佛大学心理学博士丹尼尔·戈尔曼（Daniel Goleman）②曾写过一本关于情绪智能的著作，从而引发了一场全球性的对话，情绪智能因此成为我们文化中的一部分。人们也理所当然地认为，是戈尔曼使情绪智能成为大众关注的焦点。

然而，作为一种科学理论，情绪智能最早出现在美国心理学家约翰·"杰克"·梅耶（John "Jack" Mayer）和彼得·萨洛维（Peter Salovey）在 1990 年所写的一篇论文

---

① 我们推荐一本好书，该书解释了积极心理学是如何出错的：Ehrenreich, B. 2009. *Bright-Sided：How Positive Thinking Is Undermining America*. New York：Henry Holt.

② Goleman, D. 1995. *Emotional Intelligence*. New York：Bantam Books.

中,这两位学者将情绪智能定义为:"一种可监控自己或他人之感受和情绪的能力,并可区别它们之间的差异,以应用这一信息来指导一个人的思维和行动。"①

这一有关情绪智能的定义与其他学者所做的定义有很大的不同。在这种定义中,情绪可能是聪慧的,而情绪智能则是人类智能中的一种,是一组"硬"的技能,而不是"软"的技能。

1996年,大卫·卡鲁索(David Caruso)博士也加入到杰克和彼得的研究团队中,他们三人开始创建一种基于能力的情绪智能测试,如同智商测试,用以测量一个人感知、应用、理解和管理情绪的各种能力。几年后,他们成功地开发了 Mayer-Salovey-Caruso 情绪智能测试(简称MSCEIT)。该测试可测量一个人的情绪智能程度,以帮助人们发挥自己的情绪智能优势,从而了解和进入可能想要发展的工作领域②。

本领导者指南主要基于杰克和彼得的情绪智能研究,

---

① Salovey，P. & Mayer，J. D. 1990. Emotional Intelligence. *Imagination，Cognition and Personality*(9)：185-211. 如果丹尼尔·戈尔曼在1995年没有写这本书,那么几乎很少有人会听说过情绪智能。虽然我们的方研究法与他的研究方法有所差异,但重要的是要认识到,他的这本著作使我们的工作广为人知。

② Mayer，J. D.，Salovey，P. & Caruso，D. 2002. *The Mayer，Salovey，Caruso Emotional Intelligence Test*. Toronto：MHS.

同时结合了源于 MSCEIT 情绪智能测量的有关研究成果。无论你是否能站在客观的角度来评估自身的情绪智能技能，你都可以应用本指南来发挥你所拥有的技能，或增强那些看起来还较弱的技能。我们的指南是专为那些忙碌的领导者设计和撰写的。他们知道情绪在工作中的重要性，但还希望得到一些有用的建议和提示，以告知他们如何通过现实生活中的实例来进一步加强自己的技能。

在本指南的最后还提到，只要稍加练习，你就能驾驭情绪的力量，从一个优秀的领导者转变为一个卓越的领导者。坦率地讲，这并不困难，但极具挑战性的是如何在一致和有效的基础上来施展这些技能。我们遇到过成千上万的人，但只有少数人能做到这一点。这意味着，我们中的大多数人均需要努力学习和开发这些情绪技能。

目　录

第一部分　情绪智能的结构框架

情绪智能的结构框架似乎很简单，主要包含 4 种能力，即感知、应用、理解和管理情绪的能力(图 1)。每种能力都有其自身的特点，它们协同作用，得以形成情绪智能。然而，我们如使用映现(感知)、匹配(应用)、解意(理解)和移动(管理)这 4 种不易忘却的标记，则可获得更好的记忆[①]。

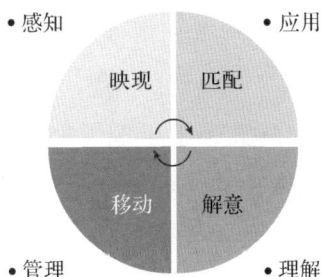

图 1 情绪智能能力模型

① "应用"有时也被称为"促进"或"促进思维"。

你可能还想知道，这个模型包括乐观、快乐或自信这些特质吗？我们关于情绪智能的研究方法——有时被称为情绪智能能力模型——是由一系列的硬技能或能力所组成的。在这种方法中，情绪智能是一种与其他智能相关的智能。乐观其实没有错，也并非不重要，但它只是一种传统的人格特质，不是一种技能，更不是情绪智能的一部分。至少，在我们看来是这样。

情绪智能的商业案例

你也可能听说过，情绪智能对于获得"成功"至关重要。虽然，情绪智能在某些方面所起到的助力是不容置疑的，我们还是建议，首先要聘用聪敏、尽职尽责的人来担任高管职位，因为有些胜任特质是不能开发的。但是，如果你新聘请的首席运营官缺乏情商，我们则可帮助他获得相关的情绪智能技能[①]。

那么，为什么情绪智能在工作中显得如此重要呢？如果你理解并曾认真研究过能力模型，你就会发现，情绪智能是可以预测一定的结果的。它在沟通中不像执行那么重要——人与人之间存在某种照本宣科的交流。然而，情绪智能却是长期人际关系质量的一个良好的预

---

① 注意，我们并未声称情绪智能本身就能获得增强。我们只是说，你可以开发一些补救或补偿策略。

测指标。情绪智能及其能力模型既可较好地预测领导者能成就些什么，也能更好地预测领导者如何实现其目标。

这些结果均表明，高情绪智能的领导者能够在光明磊落的同时，达到自己的目的。这一点非常重要，因为，这不仅涉及平时为人处世的"友善"，还事关成就结局。而具有一定的心理弹性以成功地应对压力，同样也是高情绪智能的成果[①]。

————————

① 参阅 Mayer，J. D.，Caruso，D. R. & Salovey，P. 2016. The Ability Model of Emotional Intelligence：Principles and Updates. *Emotion Review* (8)：1-11. Mayer，J. D.，Salovey，P. & Caruso，D. R. 2012. The validity of the MSCEIT：Additional Analyses and Evidence. *Emotion Review* (4)：1-6. Mayer，J. D.，Salovey，P. & Caruso，D. R. 2008. Emotional Intelligence：New Ability or Eclectic Mix of Traits? *American Psychologist* (63)：503-517.

映现(感知)情绪

　　情绪包含数据。你是根据数据才做出决策,包括报告、分析、调查和各种政策等。什么时候是你最后一次基于情绪所做出的重要决策? 答案应该是"每一个决策",或者更准确地说,是"每一个正确的决策"。我们常被告诫的是,要排除情绪,不要受其影响,但无论我们是否意识到,情绪总会影响到我们所做的一切。有时,情绪会帮助我们做出极好的决策——如果我们善于利用情绪智能技能,但在其他时候,情绪也会绊倒我们,因为我们不能准确地解读所处的环境。

　　想一想你日常的工作日。在工作中,你感觉和看到了哪些情绪? 这些情绪对你的领导能力有什么影响? 今天,你有可能还在不断地体验着这些情绪,但是,你会关注它们吗? 或许你觉得,情绪与工作没什么关联,不过,你可能需要再思考一下,花点时间去回顾最近召开的一次会议——在那次会议上,你有一个非常明确的目标。

　　当你在会议上开始深入讨论议程时,随之出现了一些现象。有人坐立不安，或许他们感到有些恼怒，嗓门也大了起来。有人开始在悲泣，或变得沮丧压抑。还有的人一言不发，只是低头看着会议室的桌子。你发现，此时，自己对团队成员们的各种反应感到很惊讶和困惑，至于你在会议之初所构想的目标，现在已成为遥远的记忆。不幸的是，这种不应该发生的情况却时常发生。这就是为什么我们在本书的第一部分展开深入讨论之前，就需准确地识别人们的感受和情绪。

那么，你如何能洞悉人们的感觉呢？如果你询问其中的任何一个人，今天感觉如何，他们都会说"不错""很好"或"还行"。同样不幸的是，这些回答对于准确识别一个人的情绪几乎没有什么帮助——礼貌的回应，在当今社会是如此普遍，差不多等同于完全没有意义。最有可能的是，当我们询问"你好吗？"，其实只是出于礼节，而不是要得到一个诚实的应答！

雪莉·桑德伯格（Sheryl Sandberg）在她与亚当·格兰特（Adam Grant）合著的《选项 B》[①]一书中，曾告诉我们这样一个故事，就在她的丈夫刚刚过世后，人们也会这样问候——"你好吗？"实际上，他们根本就没有期望得到回应。

---

① Sandberg, S. & Grant, A. 2017. *Option B*. New York: Knopf. 他们在其著作中曾引用大卫的论述.

要想真正了解一个人的感受，其中一种方法是使用我们的情绪地图（图2）。在这里，情绪可以通过两个坐标轴来测量——能量水平和愉悦程度。如果一个人处于高能量和高愉悦状态，他自然会感到幸福和快乐。如果他们正在体验高能量和低愉悦，那么他们很可能会感受到愤怒、沮丧或不堪重负。还有，如果他们感到的是低能量和低愉悦，这说明他们可能正在体验无聊或悲伤。最后，如果他们正在体验低能量和高愉悦，他们很有可能会产生一种满足感。

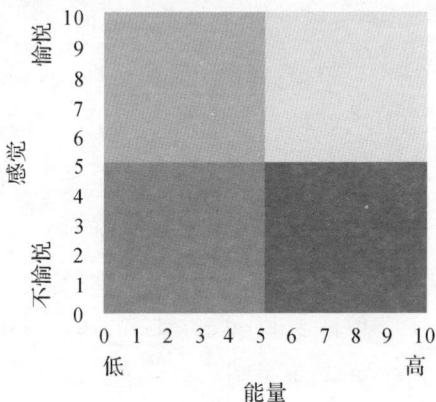

图2 情绪地图

向某人询问其能量水平以及他的感觉有多么愉悦，是判断一个人情绪状态的一种快速而简洁的方法，尽管这在某些工作环境中可能不是很实用，而且看起来有些古怪。

所以,这里有若干技巧可以用来更好地评估一个人的情绪。

以下是映现情绪的一些有用提示:

　　√情境——他们的行为表现与其平素有什么不同?

　　√肢体语言——他们的身姿和动作能告知我,该注意什么?

　　√声调——他们的话语与其语态是否相称?

　　√沉默——他们是在有效地沟通,还是处于噤声状态,一言不发?

应　用

这里还有一些好建议,可帮助你运用这项技能。

A.如何开口问"你感觉好吗?"

你应该能找到自己的询问方式,但请尝试一下以下的问句,并作为起始。

　　·你如何提问:请用一种能引起真实和诚实回应的语气来提问。

　　·今天你过得好吗?

　　·告诉我,这是怎么回事?

　　·你是怎么想的?

　　·在从 1 到 10 的数值范围内……你认为你是几?

　　·你觉得你是几,在从 1 到 10 的数值范围内……怎样才能使你达到10?

• 你在想些什么?

• 你看起来是这样吗?(低能量可以被视为低兴趣,而非善于沉思。)

文化是至关重要的。所有的文化都有所谓的"表达规则"。在这种情境下,"文化"指的则是你所在的组织、家庭、原籍国或你具体工作的部门。每个组织也都有自己的表达规则,这些规则决定了哪些情绪可以表露,以及何时和用何种方式来表露。在许多情况下,我们感受到的情绪和我们所表达的情绪是不匹配的。通过询问一个能产生诚实答案的问题,就可了解你的文化。我们从而也掌握了什么时候该问,什么时候不该问,还有如何问类似"你感觉好吗?"这样的问题。

B. 映现情绪检查表

√ 审视一下自己,你的感觉好吗?

√ 在开始重要的对话前,先确定对方的情绪状态。

√ 房间里的情绪环境(氛围)好吗?

√ 讨论期间,人们的感受如何?

√ 你得到自己满意的结果了吗?

有趣的事实：

　　我们每个人都有不同的"中性"情绪面部表情。除非你自己能看到，否则很难觉察，在他人眼里，你的静止情绪是什么样的。使用镜子或自拍，最好在你日常工作中使用摄像头，拍一个视频，然后回放一遍，再看看自己在想些什么。

匹配（应用）情绪

准确地映现情绪，觉察你和他人正在体验什么样的情绪，是情绪智能的关键起点。下一步就是确定这些情绪是否会有助于你实现共享的目标。我们称之为——将情绪与手头的任务相匹配。让我们来看看情绪地图（图 3），每种情绪都体现在四象限中，以及这些情绪如何根据当时的现状而发挥作用。例如，你即将与你的团队成员开会，讨论一个已落后于预定计划的重要项目。

开会之前，你就感到焦虑、沮丧，还有点不知所措。你很清楚，情绪是有感染性的，你目前的情绪状态对你的团队没有任何益处。请牢记，情绪还会引导你的思维和影响你的行为。你反问自己：什么样的情绪会有助于与我的团队举办一次成功的会议？

有些人认为，情绪有好有坏——实际上，所有的情绪都可用于一个有意义的目的。通常，当出现不公正、不公平或某种梦想没有实现时，愤怒就会迸发出来。愤怒能够，也的确可推动和促进积极成长与变革：回想一下平权运动（The

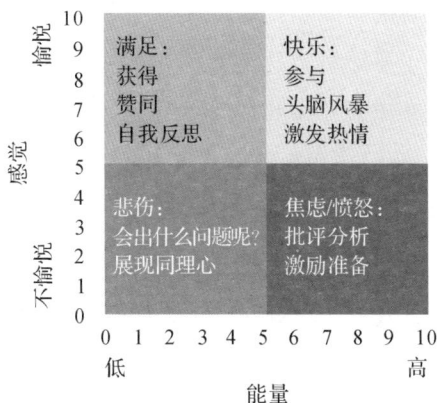

图3　先映现，再匹配

Equal Rights Movement）和正在进行的争取妇女平等的斗争。在失去一些东西时，人们都会感到悲伤；当获得一些东西时，人们则会感到快乐；当受到威胁时，人们又会感到恐惧。

我们用如此繁多的时间和精力来研究如何分享所有情绪的重要性及其有益的本质。正如我们在前面所提到的，这不是一本有关幸福或积极心理学的著作，对我们来说，其中的一些工作似乎只关注你个人的快乐，并鼓励你过滤掉那些"消极"的体验或情绪。这看起来并不明智，也不是优秀的领导者所为。生活是艰难的，而且充满了压力和挑战。各种情绪——包括愤怒、悲伤和快乐——均为我们提供了看待问题的不同视角，这些情绪也都是成为一名高效领导者所必须应对的。

关键在于要让情绪与任务相匹配。根据研究，我们知道有些情绪要比另外一些情绪更有助益，这主要取决于所处的环境。因此，下次你要去开会时，首先需确定带着什么样的情绪最有助于你实现自己的目标。

情绪也被用来与人沟通。回想一下，在你的生涯中，有人曾给予你师长般的指导，还有人为你提过许多中肯的建议或激励你尽其所能。他们可能都与你情意相通。我们常通过各种情绪来表达对他人的同情、关怀和关注。成功的领导者均理解情绪对于建立某种有意义的人际关系之重要性，也懂得如何鼓舞和激励他人。

不仅如此，杰出的领导者还会创造出一种情绪氛围，得以让人们舒心地完成工作。有时，这意味着要点燃人们的激情，从而产生一种紧迫感。另外，体验他人的感受也会有一种负面影响。情绪化同理心（emotional empathy），这种以与他人的关系为准的感觉，可能会给你带来一定的伤害。

如果你能感受他人的感受，同样也会觉得心力交瘁。心理学家保罗·布鲁姆（Paul Bloom）曾对情绪化同理心提出过一个理由充分的反对意见①，作为一种替代，他认

---

① Bloom, P. 2016. *Against Empathy: The Case for Rational Compassion.* New York: Ecco.

为,认知同理心(理性同情)可能会产生更好的效果。那么,假设少一些同情心,我们是不是就能更好地驾驭这些感受呢? 对我们而言,这种处理方式似乎总比把自己封闭在他人的情绪世界里要好。我们想告诫你,尽管所有的情绪都可能对人有益(也包括愤怒、焦虑和悲伤等),但我们却不希望你利用这一点而表现得像个蠢人。稍后,我们会更详细地阐释,如何表达和移动情绪,而且你也需要非常谨慎地对待这些感染力强大的情绪。

有效地移动情绪以引导变革,并不是完全以自己的情绪为主。你不能以愤怒的方式去工作,但你却可让愤怒为变革注入动力,前提是你具备且可自如地应用情绪管理技能。请记住,从长远来看,卓越的领导者均会营造一种积极和乐于助人的氛围——一种人们每天都在参与的"A"游戏环境。当你为变革加注动力时,也可将愤怒视为一种原始能量,就像一桶航空煤油。如果你不小心,且不经意地把一根火柴扔进那个桶里,它就会在你眼前爆炸。愤怒似乎声誉不佳,因为低情绪智能的人常试图利用愤怒的原始能量,最终他们既毁掉自己,也毁掉了他人。然而,那些拥有高情绪智能技能的人也会产生愤怒,同样是一桶燃料,而一台高度复杂的、经过设计的喷气发动机,却可利用它,作为航空燃料来驱动飞行(图 4)。

在你试图利用自己的愤怒去影响更良好的行为之前,

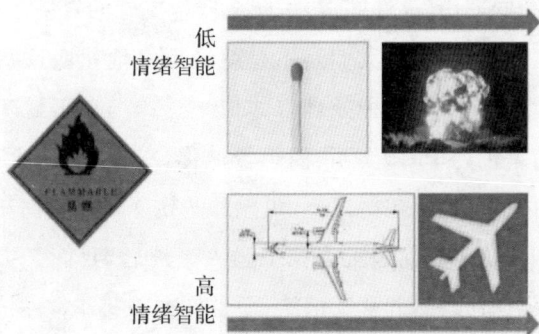

图 4 愤怒的破坏性和建设性能量

需问一下自己，是否已做好准备应对各种后果。为了确保拥有引导愤怒进入一个有意义过程所必备的技能，你需有效地掌握对情绪的实际管理能力，否则，你就会完全失去对情绪的控制。

以下是匹配情绪的有用提示：

√ 我们所体验到的情绪有哪些？

√ 这些情绪有助于你达到自己的目标吗？（运用图 3）

√ 我可以运用情绪与他人沟通吗？

√ 我是否经常与他人的情绪进行互动？

应 用

这里还有一些好的建议，可帮助你运用这项技能。

A. 情绪与手头任务的匹配

· 我们经常在做哪些工作？

· 当我们在做这些工作时，我们通常会感受到什么样的情绪？

· 这些情绪对工作有所帮助吗？

· 哪种情绪对我们更有益？

· 如何在工作前或工作期间产生更有益的情绪？

B. 匹配情绪检查表

√ 每天都不放过与他人沟通的机会。

√ 是否有人需要你的关注？是否有人已表露出悲伤、无聊、愤怒或沮丧等情绪？

√ 请为严肃重要的对话创建安全的谈话环境，这种谈话应该是保护隐私的、不带偏见的，以及无报复性的。

√ 要练习深度倾听——在已说出和没有说出的所有话语中，寻找语意、肢体语言（虽然这很难做好）和情绪。

√ 力图理解他人的观点——在他们中发生了什么，他们关心的是什么，你又怎样来帮助他们（或许只是倾听，这也是一种帮助）。

有趣的事实：

如果你对悲伤和愤怒等情绪的重要性不是很确信，可阅读有关调查研究，或观看皮克斯动画电影《头脑特工队》（*Inside Out*）。两位情绪研究专家担任了这部动画电影的咨询顾问，所以，其背后的支持数据是非常可靠和可信的。

解意(理解)情绪

在准确地识别情绪（映现）及确定哪种情绪更有助于实现目标（匹配）之后，我们需要理解，为什么我们会有这种感觉，以及情绪是如何随着时间的推移而发生转化和改变（解意）的。我们还试图寻求最初是什么导致了情绪的产生，只有理解其根本原因，才能知道它意味着什么——是否代表了某种可操作或不可操作的数据。

领导者们经常会犯这样的错误，即假定他人情绪背后发生的缘由，或者因为知道其中某些原因会令人感到不舒服，而完全回避它们。与其回避情绪，不如保持一种好奇心，花点时间去思索这部分人——他们正在体验什么样的情绪，情绪出现的原因可能是什么，你如何能帮助他们移动到一种更佳的状态？

你再考虑一下，那些你所依赖且助你成功的人，也许是你的老板、你的家人和你的同事，无疑，还有你的员工。现在，你可自问——他们为什么会这样做？其具体含意即是什么令他们感到快乐、悲伤、无聊、兴奋、沮丧、自豪、厌恶和生气？为了有效地与他人进行沟通和合作，你需要非常了解他们，知道他们有什么样的感受，不是遵循为人的一般准则，即以你想要的方式来对待他们；而是要遵循为人的最高规则，即以他们想要的方式来对待他们。

要充分了解周围的人们为什么要这样做，这需要时间和实践。有些人会让你感到轻松，可与你分享他们的情绪、兴趣和激情，而有些人则不会——尤其是不会与他们的老板共同分享，这主要取决于他们的人格、文化、生活经历和与他人分享这类信息的舒适程度。然而，通过展现你对他人的理解，你还是可以真正地与他们进行沟通，促使他们朝着自己所需要的方向前进，以达到共同的目标。

理解人们这样做的动机

正如前面所提到的，有些人会告诉你他们自身确切的感受，以及他们为什么会有这种感受。其他人则会向你发难，你需自己搞清楚，在他们身上发生了什么。总之，要理解他人，就需让他人相信你的意图。

让他们知道，为什么你想更好地了解他们的价值——和他们分享，你想成为一个更好的老板/同事，并且想知道对他们而言什么是重要的。你不必非要产生个人感情，可先从工作中展开对话（见表1）。询问他们这样的问题——你最喜欢的工作是什么？在工作中，什么事使你感到灰心丧气？什么事让你觉得无聊？什么事让你感到兴奋？你有什么期待？一旦你启动了这一对话，你可能就会对它所产生的结果感到惊讶。

其次，当他们在工作中表达情绪时，则要特别留意——你看到了哪些情绪？其爆发的原因是什么？你甚至不需发问就能知道他们为什么会这样做。

表1　在工作中理解情绪

情绪	一般原因	应用	实例
失望	工作中的哪方面令你感到灰心？	避免彼此烦扰。	提供一个可靠的环境来分享忧虑。
烦恼	什么样的任务让你觉得无聊？	分配和重新分配任务。	给予员工以新方法做日常工作的权力。
快乐	你喜欢什么样的工作？	根据员工的强项安排工作。	多找机会展示自己的优势。
自豪	在工作中，你最感到骄傲的成就是什么？	了解如何激励员工。	根据需要，量身定制对他人的感谢方式：正式的，非正式的，或仅仅是一句谢谢。

请使用你自己的语言！

高情绪智能的领导者用词须谨慎，不要随便就说出一句话：应选择最好的情绪词汇来表述自己的意思，以引起人们的关注，并帮助他们理解自身的处境。如果你只是被惹恼了，也不要表现出你被激怒的样子——这只会让员工倍感困惑。如果你一直处于火冒三丈中，员工就会逃避你，你也可能会因此而失去他们的信任。反之，尽管你早已对这个季度的销售额做出预测，但你的员工却没有实现它，你应理性地表示，对此，你感到很失望，也非常郁闷。建立情绪词汇库的一个好处是，你会成为更好的沟通者。其中的关键在于，将你的情绪（见下文）先转移到情绪地图中一个更中性的冷静状态，然后再说出这些情绪语言。否则，你可能会被认为是"太情绪化"，或者你表露出的能量将让人产生抵触情绪。在表2中，我们增加了一些有益的情绪词汇，可帮助你更好和更准确地表达你的感受。

表 2　工作中的情绪词汇

情绪	一般原因	词汇
失望	无法获得你想要的和你所重视的东西	恼怒的 烦闷的 沮丧的 愤怒的 激怒的
反感	你的价值观被侵犯或冒犯	厌恶的 讨厌的 恶心的 憎恨的

续　表

情绪	一般原因	词汇
快乐	获得你所珍视的东西	满足的 欣慰的 快乐的 喜悦的 欢快的
忧虑	感受到可能的威胁	关心的 郁闷的 焦虑的 担忧的 惊恐的
惊讶	遇到一些意想不到的事情	心烦意乱的 感兴趣的 出人意料的 令人惊讶的 感到震惊的
悲哀	失去你所重视的东西	沉思的 沮丧的 悲伤的 痛苦的 压抑的

　　理解情绪,会有助于你构建自己的情绪词汇库,并了解一些情绪是如何发展和融合的,以形成更复杂的情绪。要做到这一点,最简单的方法之一就是学习我们在情绪轮中对情绪的简单描述(图5)。

　　你可能也熟悉情绪轮中列出的所有情绪,但却只认同那些普遍的情绪——快乐、悲伤、恐惧、惊讶、厌恶和愤怒

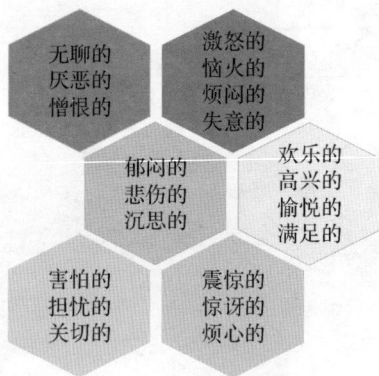

图5　情绪轮

等。(如果你对迷人的情绪数学表示感兴趣,还可以搜索普拉契克情绪分类法(Plutchik Emotion Circumplex),这是一个关于情绪如何进展的有趣例证。)

例如,烦恼这一情绪,在无人关切时就会引发怒火,进而导致愤怒。而无聊则会产生厌恶,厌恶又将导致憎恨。因此,尽早地识别情绪非常重要,尤其是那些负面情绪,这样,它就不会发展到对你的身体组织产生意想不到的影响这一地步。

总之,一般情绪不仅会发展,还会融合成更复杂的情绪。像快乐和信任这样的情绪,会通过融合而成为友爱,厌恶和愤怒则会通过融合而成为轻蔑。当然,情绪还有许多细微差别,常常被错误地贴上标签。因此,许多人认为,当他们感到恼火时就会产生受挫感(一种较温和的情绪)。或者,他们认为只有在感兴趣(一种温和的情绪)的时候,才会喜欢一切。我们对情绪的命名越精确,就越能发现情绪产生的原因,明白如何将其引向更有益的方向。复杂、明确的情绪词汇则有助于我们更好地理解他人,在相互沟通时也能做到更准确高效。

感觉、心情、情绪

理解情绪有时可能会让人感到困惑,因为我们常交替使用"感觉""心情"和"情绪"这三个词——即使在本指南中也是如此。要更好地理解情绪,请记住:情绪是一种普遍而弥漫的、常常是模糊不清的个人体验。例如,"我今天的心情很不好"。我们试图去理解,为什么会出现这样的感觉,然而,往往力不能及,或者我们只能意识到,"我今天只是觉得有些不舒服"。因此,移动这一感觉就显得非常重要(我们将在本指南的下一章节进行讨论)。但是,假设从源头上检验,我们是如何感觉的,这就是我们可以用来做出更佳决策的数据。简言之,除了辨析其来源,你还应该关注你的感觉(feeling)。如果这是一种心情(mood),那就移动它;如果这是一种情绪(emotion),就请匹配它。图 6 显示的即是一棵感觉决策树。

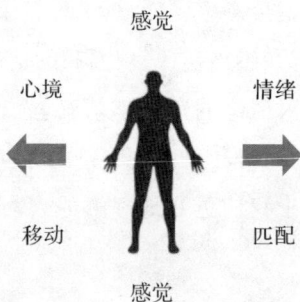

图 6　感觉并不总是等于事实

使情绪具有意义的有益提示:

√ 开发和扩充情绪词汇,以更好地沟通思想。

√ 我依靠谁来取得成功?

√ 我是否知道,为什么这个人会这样做?

√ 我是否理解,为什么他们会有这种感觉?

√ 我是否知道,如何移动他们到他们需要的位置,以实现他们的目标?

√ 我是否理解,为什么我会有这种感觉? 它是一种心情(可移动),还是一种我应该注意的情绪(数据)?

√ 我是否愿意与他人分享,为什么我会这样做,以便他们更有效地与我沟通?

√ 记住,情绪并不总是等于事实:情绪虽然是一种数据,但也可能会出错。

应 用

这里有一些想法,可以帮助你更好地确定情绪的含义。

A. 情绪假设?

·在下次会议之前,进行一个情绪"假设"分析:可能会发生什么?

·我召开这次会议的目的是什么?

·为了确保我们处于最佳状态,如何确定本次会议的最佳时间和地点?

·要像了解自己一样了解对方,对方会对我要告诉他们的作出什么样的反应?

·我要问什么样的问题?应该用什么样的语气?最好的肢体语言是什么?

·如果对方的反应是消极的,我该怎么做才能引导谈话朝着积极的方向行进?如果对方的反应是积极的,我又该如何确认或"利用"那些已经设定的目标。

·我能表现出更多的同理心吗?更多地倾听和寻求一个共同的目标吗?

B. 情绪意义检查表

√ 考虑一下你的感觉的来源。

√ 在你真正了解其来源之前,不要行动。

√ 回顾你这一天的感觉,并考虑一下,这种感觉有多少是由心情引起的，又有多少是由情绪引起的。

    √ 问问自己是否他人也会有同样的感觉，以及这种感觉是否合理。

    √ 如果这种感觉更多的是一种心境，那么，请忽略和改变它（移动）。

    √ 如果这种感觉更多的是一种情绪，那么，请关注并加以应用（匹配）。

有趣的事实：

    领导者们往往明白理解员工情绪的重要性，但却很少与自己的员工分享是什么让他们自己的情绪在"运转"。如果你不愿意和员工共享究竟是什么能使你感到快乐、自豪、沮丧或愤怒，总有一天，你和他们的关系会走向破裂。如果你不想让你的员工了解这些，他们又如何知道到底该怎么做呢？

移动(管理)情绪

　　情绪智能框架的最后一步是移动情绪。这是最容易掌握的能力,也是最难应用的能力。映现、匹配和解意这三种能力都可以完美地得到应用,但是,能否移动你和他人的情绪,将决定你是否表现得像一个具有高情商的领导者。在与他人的互动中,你会受到他人的评判。因此,熟练地移动自己和周围人的情绪是至关重要的。

　　移动你的情绪,尤其是强烈情绪的第一步,是要意识到,情绪在你的身体中是如何显露出来的。许多人的愤怒感体现在他们的胸部、喉咙或下巴。还有些人,当他们起鸡皮疙瘩或其颈后的头发竖立起来时,就会感到恐惧。而快乐则常常伴随着他们轻盈的体态和温暖的内心。当然,每个人的体验都是不同的。问问你自己,情绪通常会显露在身体的哪个部位上?通过意识的传递,当你的身体发出一个信号时,你就可做出适当的反应。这种能力看起来非常重要,并且需要练习。因为未经分析的感觉会导致我们做出糟糕的决定,或者在一时冲动下说出会后悔的话。然而,倾听我们的身体才能让我们的大脑跟上情绪的变化，全力分析我们为什么会有这种感觉，并提醒我们想要达到的目标。这样，我们才能做出最好的决策，而不管情绪状态如何。

在商界，我们经常被告知要压抑自己的情绪，作为领导者，我们更要不断地控制自己的情绪。我们曾为自己在大动荡中能保持冷静头脑而自豪，为自己能做到心静如水、不动声色而自豪，也为自己不顾内心感受、可控制一切情绪而自豪。但在某种程度上，我们知道，这种行为是不可持续的，更不值得推荐。如果你压抑自己的情绪太久，它们很可能会以不恰当的方式出现，并产生意想不到的后果。最终，被压抑的愤怒可能会导致破坏性的狂暴和毁灭性的后果。另外，被封闭的情绪还会使你显得虚伪、不真诚或漠然。总之，过分地抑制情绪对每个人来说都是有害身心健康的，终归会侵蚀和伤害信任。

移动情绪的最佳策略是设定长期的规划——充足的睡眠、合理的饮食和充分的运动，同时还要寻求社会支持、深思冥想和休闲放松。我们知道，树立持久的目标本是我们的正确选择，但是，我们往往会自我放弃，半途而废。那么，你需做些什么才能有效地移动情绪呢？根据具体现状，你可以选择策略性方法或反应性方法，抑或两者兼而有之。回想一下，当你在开会时，某个人或某件事让你非常恼火。

很有可能你先感觉到了——可能是胸口发紧，也可能是脸部发热。每个人都在看着你，看你会如何回应。问题的关键在于——你打算用什么策略来实现自己的集体目标？你会怎么表示？用什么语调？你将如何保持会议的正常进行？移动情绪不仅仅包括你自己通过高情绪智能来行动处事，还包括移动他人的情绪。这一概念可能看起来很奇怪，因为你可能认为自己无法控制他人的情绪，这确是事实。然而，你对他人情绪的反应会极大地影响对话的效果。

　　例如，假定你给你的员工一些批评性的反馈，他们一开始会显得很愤怒，并大喊大叫，或者他们又变得很悲伤，哭哭啼啼。这时，你可以使用很多种策略来继续对话——如表现出同理心，注重倾听，寻求理解和支持，表达关怀，表示朝着一个共同的目标努力等。帮助他人移动情绪的关键是要在对话中先移动自己的情绪——以身作则。你怎么能保持中立呢，抑或有时会产生一种积极的状态吗？（尽管愤怒也是一种可以理解的情绪移动方式，但采取咄咄逼人的行动，就很难说是一个好主意。）你如何构建一个能让他人和你分享重要情绪的环境？你如何能在实现自己的集体目标的同时又表现出一种同理心？你该如何激发一个没有动力的员工？要想成功地移动各种情绪需要很多实践，如果你对所有类型的情绪都能保持开放的心态，那么你就能更好地与他人联系和沟通。下面（表3）是一个有关移动情绪的有效的（也是容易的）策略清单。

表 3　情绪管理策略——针对本人

策略	实例
调节心境	如果你知道自己的情绪对实现目标无益,请改变它!在召开重要会议之前,请做好心理准备。或者,你需要让自己冷静下来,打起精神,全神贯注。
重新评估	不要轻信第一印象。我们都有表现不好的时候,但很少有人是真正的傻瓜。要考虑对方是否只是今天感觉很差。
自我交谈	请运用自己的心声。反复使用一些舒缓或激励的想法来度过压力时刻。
生理调节	深呼吸、散步、休息和微笑。
临场干预	花些时间来思考。牢记你的目标。目光朝下,数到10,深呼吸。把它写下来,但不要分享。出去散步,注重休息。当你确实遇到烦恼的事和人时,可说"等一会,我再联系你"。
长远目标	充足的睡眠,健康的饮食,沉思冥想,开心有趣,寻求社会支持,锻炼身体。

　　一旦你开始运用有效的情绪管理策略,你就会逐渐提高自己移动他人情绪的能力。移动情绪并不是操控情绪——如果你和他人联系,并开始感受他们的感受,你就会"做正确的事"。我们在表4中列出了一些你可以和他人一起尝试的策略。当你练习这种能力的时候,你一定会犯错误,所以,请提前准备好世界上最佳的情绪管理策略之一:真诚地道歉。

表 4　情绪管理策略——针对他人

策略	实例
分散注意力	转移话题。例如,"嘿,我们去喝杯咖啡吧"。请慎重使用此策略,否则,你将永远难以成功地处理潜在问题!
选择处境	当你处于最佳状态时再与对方见面。例如,"周一的工作特别忙,我们改到周二上午再开例会吧"。
改变处境	暂时休会。例如,"我需要考虑几分钟,5 分钟后我们再开会。等开会时,我想多谈谈第 2 个问题"。
情绪联系	表示关切。例如," 好像困难很多啊,我能帮些什么?有什么需要我来做?"
匹配和验证	不要再吵了,除了要确认你的观点和感受,我也想了解你到底是如何感受的。
调节语气	改变一下语气就会引起对方的注意。提高或降低讲话的音量和音调,就会让事情平息下来或激励对方。
心理技巧	可召开步行会议、午餐会议,会中要有休息。另外,会谈时,也可不时地站起来,放松一下。

"积极"情绪并不等于所有的情绪

请回想 下匹配情绪的经验教训和提示,所有的情绪都可能是聪慧的。情绪管理的目标不完全是放松自己,每时每刻都沉浸在积极情绪中。在某些情况下,过分强调"自我关爱"(self-care),有时会诱使我们自鸣得意。移动情绪的目标不是单纯专注于你的快乐。

有些人曾这样建议：尽量不阅读热点新闻，以保持自己的平和宁静。我们已意识到，生活中的确充满了压力，你可能需要关闭和分离一段时间（例如，我们赞成有时可关掉手机！）。但与此同时，许多人并没有舍弃享受头条新闻的特权，因为他们每天都生活在头条新闻中。我们的目标不是让你在所有的时间内都成为一个快乐、乐观和积极向上的人，而是需要你能参与并应对最艰巨的领导力挑战，并在挑战中取得成功。简言之，我们希望你能改变这个世界，使它成为一个更适合生活的地方。同时，我们还极力推动你充实自己的情绪储备。

当然，我们的目的也不是让你始终保持微笑和乐观精神，而是给予你技能、专注力和能量，让你拥有可接受最艰巨的领导力挑战的情绪资源。如果你正在努力创造变革和驱动组织革新，那么，你就需要处于最佳状态。这些情绪管理策略可以使你受益匪浅，你不能总是把家当作办公室——我们希望你在情绪和情感上要与家人和朋友融为一体。

移动情绪的有益提示：

√ 我是否拥有足够的睡眠、锻炼、健康的饮食、休闲放松和社交支持？

√ 我是否能识别在自己身体的某个部位所显示的情绪？

√ 在做出反应之前,我是否需要时间来考虑我的回答? 我的目标是什么? 如何让事情朝着积极的方向发展?

√ 我能对他人的感受持开放态度吗? 我能表现出同理心吗? 我是否试图理解对方的观点? 我在倾听吗? 我是否在支持他们的同时,还需让他们承担责任?

√ 我是不是真诚地表达了自己的情绪?

√ 我能否以自己的情绪来鼓舞、激励、沟通和联系对方?

应 用

请按照以下步骤来增强和应用有关移动情绪的技能:

A. 充实你的情绪储备

要做到最好,你必须处于最佳状态,这意味着,要先做到自我关爱,以便有足够的精力,全力应对挑战。

·请花点时间去思考,当你做哪些活动时,你会感到非常充实、快乐和宁静,如同因再次注入能量而变得一身轻松。

·请在一张白纸上写下这些活动,直到你想不出其他可添加的东西为止。

·再检查一下清单,圈出下周要做的三件事。

·每周至少要做三次活动,坚持一个月。更重要的是,要找一个人帮助你做这些活动,或者和你一起做其中的一些活动!

B. 移动他人情绪检查表

√ 你是否可以为他人创造一个安全环境？

√ 你所看到和感知到的情绪是什么？

√ 这些情绪在这种情况下有用吗？

√ 你的情绪状态是否有所帮助？

√ 如果没有帮助，你将采用哪种情绪管理反应或补偿策略？

C. 移动焦虑和愤怒检查表

√ 如果愤怒或焦虑是完成任务的理想情绪，你需拥有奥林匹克级的情绪管理技能，才能利用它们。

√ 通过检查来证实，愤怒的确是合乎情理的——确信它不仅仅是一种心情，而且也不是源于个人的。

√ 要应用所有的自我管理策略。

√ 请重新考虑，在平静状态下，你产生愤怒的潜在原因：是否其他人也有同样的感受？

√ 请在脑海中演练这样一个场景，向他人解释你的沮丧，并考虑多种"假设"分析，以确定传达信息的最佳方式。

√ 问问你自己——这样做值得吗？所表现出的负面情绪是否会破坏通过长期努力而建立的关系？

√ 只有在人们没有受到攻击的条件下，这条消息才能传播出去。

√ 只有在一个平静和专注的状态下——你才可准确地描绘、匹配和理解情绪的意义,并用情绪词汇来表达你的沮丧。

有趣的事实:

　　许多领导者都觉得,他们是控制情绪的专家,并认为自己有一张"扑克脸"(poker face)。不幸的是,事实并非如此。许多情绪——尤其是愤怒、沮丧和惊讶这类情绪——难以掩饰得很好。即使你擅长表演,如果在某些特定的情境下,你没有表现出任何情绪,你的员工可能会觉得这个问题不重要,或者是你不在意发生了什么。所以,你需要表现出自己的情绪!(为此,我们应感谢西海岸的 N. W. A. 说唱团和麦当娜的歌曲。)

把所有的能力都组合在一起(情绪智能蓝图)

　　恭喜你!已初步了解了情绪智能的四种能力。现在进入到关键部分——把所有这些能力都组合在一起,你就将成为一个高情绪智能的领导者。总之,正如下面的情绪智能蓝图(图 7)所示,你在本指南中学习的所有内容都可以无缝地协同合作。

　　蓝图在原则上是指一个简单的工具,但就像大多数单纯的想法一样,它很难很好地,且一贯地加以应用。下面是众多的领导者经常面临的一种工作局面,以及如何应用情

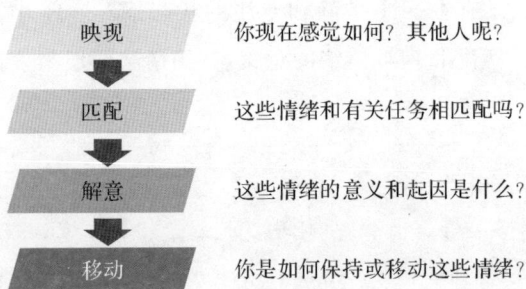

图 7　情绪智能蓝图

绪智能蓝图来实现积极的结果。

情绪智能蓝图范例：提供坦诚的反馈①

背景：乔已经在公司工作两年了，他认为，自己对于组织来说是不可或缺的。他不断地寻求表扬，却不能与他人很好地配合；他总是在寻求更好的工作，但至今还没有找到。从历史上看，虽然他在会议上说得很好，但实际工作一般没有按照团队的期望，优质按时地完成自己的工作。作为他的老板，你知道现在应该是通过对话，讨论解决这一问题的时候了。

目标：乔是一名不错的员工，他可以成为一名优秀的员

---

　　①　每一个案例研究都隐去了领导者和组织的身份。我们没有使用真实的名字，并更改了案例的细节，如所在行业等。

工。我的目的是了解他这么做的原因,并为他提供坦诚的反馈,以帮助他实现自己的职业目标和我们的组织目标。

应用情绪智能蓝图

·映现情绪

你和他人有什么样的情绪?

我对乔感到沮丧和恼火。我曾尽力向他提出过建议,但他却充耳不闻。我相信,乔同样感到沮丧,也许他对没有得到晋升机会而深感失望。他还可能认为,我不看重他的工作或不关心他。

·匹配情绪

什么样的情绪最有益?

我的沮丧对于对话没有任何助益。我需要记住,乔对自己的工作曾充满热情,他也很想把工作做好,并希望得到认可。最近,乔总在回避自己的团队成员,态度生硬,不与大家分享重要信息,也没有按期完成工作,他的工作表现越来越差,已对他周围的人产生了负面影响。为此,我想让他从沮丧中走出来,进入到一个更加中性的状态,这样,他就不会采取过度防御措施,并愿意和我进行坦诚的讨论了。

· 解意情绪

产生这些情绪的原因是什么？

我曾多次给乔提过建议，但他都不听。有时，我真想放弃他了。近来，我也没有拿出更多时间与乔相处。我知道，乔在办公室内外都承受着很大压力。他刚刚为人父，也是家里唯一的经济支柱。即便是"快乐"的事情也会给他带来压力，或许令他感到不知所措（并且筋疲力尽）。

· 移动情绪

你将如何保持或移动这样的情绪？

在会议期间，我将询问乔的宝宝的身体状况，他的工作目标，以及他想从其职业生涯中获得什么，他是否愿意听取反馈意见，还有，如何才能更好地支持他实现自己的目标。我发现，他的情绪很难控制。有时，我要从我个人的角度来和他对话。我不会让他的感觉严重地影响我，我会对他的情绪持开放态度，向他提出一些问题以获得理解，并表现出同理心，同时也征求他的意见，与他分享我的目标，以及我在公司将如何支持他等信息。

这样做的效果如何呢？我要演练一下发生这种情况的场景：先做深呼吸，并准备好一些短语，例如"我能理解你的感受"和"我怎样才能帮助你"。在一次对话中,乔可能会很情绪化,从愤怒到悲伤,甚至有些快乐。如果他一开始就很生气,注意力也不集中,我就会换一个问题问他。我会提醒他,我们对话的目的——就是我要支持他。我还要练习深度倾听的技巧,并尝试理解他的观点。假设谈话在最初进行得不是很顺利,我们就休息一会,重新讨论一个不同的议题。

所应用的策略:调节心境;重新评估;生理调节;情绪关系;匹配和验证。

结果:乔感到非常兴奋,因为我能和他见面,但又惊讶地明白了,我要和他见面的原因。起初,他并不想听我的话,很有戒心,后来,我也产生了防范心理,于是,我不得不提醒自己,要想到我们对话的目的。我开始平静下来,语速减缓,声音也柔和下来。最终,他明白了,我是关心他的未来,也开始变得轻松起来。他与我分享了自己的生活压力,以及他需要在工作上获得成功。当然,他并没有意识到自己对同事们所产生的影响。他还和我分享了想在组织中成为一个领导者的愿望。我们也讨论了,作为领导者,他需效仿的行为。最后,我们心情愉悦地结束了对话。我相信,未来,他会朝着正确的方向走。

总　结

正如你所看到的，应对情绪是一项很有挑战性的工作，但它并非不可能实现的目标，现在你已经掌握了情绪智能蓝图，同时也了解如何协同工作的各种能力。这些知识，再加上大量的实践和建设性反馈，将帮助你和你的员工建立信任关系，并有望为你自己、你的团队和你的组织带来更大的成功。本指南的第二部分，即是你作为领导者无疑将面临挑战的各种实例，以及如何在每种情况下应用情绪智能蓝图的建议。

工作中的情绪，如果能得到有效的应用，就可以推动组织及其领导者走向成功，但如果没有得到有效应用，则会导致组织及其领导者陷入停滞和毁灭的境地。可见，情绪是如此的重要。情绪是构建人际关系和相互信任的基础，它可以把人们联系在一起，从而让生活变得更有意义。情绪还可以用于激励、激发和创新。作为一名高情绪智能的领导者，是让情绪来掌控你？还是以情绪智能为行动指南，与他人分享你所学到的知识，并将其融入领导方式中，成为组织文化的一部分？与快乐的人打交道会感到很舒服——而与正处于愤怒或悲伤中的人打交道则需要非常谨慎，并需具备大量的知识和精湛的技能。有时，在领导一个缺乏动力的团队时，你可能需要更高水平的技能和知识。在商界，形成各种关系纽带和建立相互信任是领导力的基石。你所面临的选择，是如何与工作中的情绪互动——情绪的存在，情绪所带来的各种问题——无论你是否感知到它们，是否忽视或抑制它们，它们都一样存在于我们的身边，并影响着领导力的方方面面。

问问你自己：

√ 我能准确地映现出自己和他人的情绪吗？

√ 我是否会为了完成手头的任务和与他人建立联系而匹配情绪？

√ 我是否能解意他人情绪的含义？是什么在激励、激发、困扰和阻碍这些情绪？

√ 我是否能有效地移动自己和他人的情绪，从而达到我们的目标？

如果你对这些问题的回答都是肯定的，请采取额外的步骤：你是怎么知道的？请你考虑一下，是否有可能是错误的，然后再和他人核对一下自己的看法。如果答案仍然是"肯定的"，太棒了！你将有一个强大的工具，可在你个人和你的职业生涯中使用。如果你的回答不是"完全肯定"——别担心。通过练习实践，更重要的是，通过正确的反馈，你会有所提高。这确实需要时间，但如果你真的在乎它，你就会不断地练习，征求意见，并观察你的行为和人们的反应。如果你对前述问题的回答是"否定的"，也不要丧失信心。阅读本指南就是一个很好的开端。我们不知道，你的潜在能力是否可以得到提高——也许可以。但我们却知道,你可以学习补偿策略(compensatory strategies)。

请想一想所谓的空间智能——如果很低,当你第一次去一个新地方,自然就会迷路。我们能进一步提高你的空间智能吗?答案并不重要,因为我们可以向你提供GPS,这样你就再也不会迷路了(当然,除非GPS坏了,就像上面这些策略有时也会崩溃一样!)。请把本书中的各种观点看作是你的情绪GPS。这本书的终极目的是为你提供改善领导力绩效的各种策略。即便对那些已掌握某种情绪智能技能的人来说,要做到这一点也不容易。如果想进一步开发高水平的情绪智能,有专门的情绪智能教练可以帮助你磨练情绪智能技能。在本书的最后一节,你将发现更多的相关信息、研究和资源,你将沿着自己的情绪智能之路,继续前行。我们希望你一切顺利!

第二部分　应用情绪智能蓝图 解决棘手的领导力挑战

　　我们知道，你有很多事情要做，却没有时间经营自我发展。幸运的是，情绪智能能力模型可以帮助你提高自己的领导技能和效率，而不需要耗费几天、几周或几个月的工作。这即是你的先天智能、分析能力或智商指数（IQ）发挥作用的地方。在我们的研究方法中，智商和情商（我们尽量避免使用"情商指数"，即"EQ"这一术语）都是相关的，它们皆是一种类型的智能，且可以互相帮助，用一种智能来增强另一种智能。为了助你排忧解难，我们提供了一系列情绪智能蓝图，使你能够努力克服和成功应对有关领导力的种种日常挑战。

　　我们的蓝图可能无法完全反映出你的现状，这就需要你依靠分析能力，解析你所处的境遇，以找出最匹配自己的蓝图方案，然后，再根据具体情况进行调整。更好的是，可使用通用的蓝图过程来创建和评估自己的环境——这一蓝图是普适的，可被广泛地应用。当你参与到一个特定蓝图所建议的行为时,首先,需确定你的感觉如何(映现),以及这些感觉对你是有益还是无益(匹配)。然后,再确定有关处境如何才能呈现(解意),最后是实时管理(移动)你和他人的情绪,以实现你的目标。

我们的情绪智能蓝图大致是基于我们亲临的环境,我们所观察到的现状以及客户所面临的各种领导力挑战所制定。为此,我们选择了你在现实中将会遇到的一些常见问题,并将它们归类如下:

- **领导员工和团队**
- **与上级领导和平级同事协同工作**
- **常见的工作挑战**

我们很希望能听到你们讲述有关自己所面临的挑战,以及如何应用情绪智能蓝图来解决这些挑战的体验和故事[①]。

---

① 请将你的邮件发至我们的邮箱:blueprint@eiskills.com。

情绪智能领导者蓝图：领导员工和团队

1. 情绪智能领导者蓝图：以战略规划和美好愿景带领团队

背景： 公司聘用我来领导变革，并接手了一个团队，不幸的是，原来的团队领导者从来没有把战略规划放在首位。我认为，这对公司的成功至关重要，我需要激发我的团队积极参与到这一过程中。我尝试和团队成员共同讨论规划远景的必要性，但得到的只是推诿。我们的时间已经不多了，我需要努力引领这项工作，否则，我们的公司可能就会被淘汰。

目标： 让所有团队成员都参与战略规划和愿景规划，并致力于推动公司朝着积极的方向前进。

情绪智能蓝图

步骤	该怎么做
映现	你和他人有什么样的情绪？为此，我很担心公司的未来。我受聘来领导变革，但也感到有些沮丧，因为只有我看到了变革的紧迫性。我担心如果我的团队没有意识到这一

续　表

步骤	该怎么做
映现	重要性,大家可能都会失业——从我开始。我的团队似乎对公司的未来还有些冷漠和自满,他们好像对我的领导也有一定的抵触。
匹配	什么样的情绪更有益? 听起来似乎让人琢磨不透,但有一点焦虑是有好处的。显示出忧虑和紧迫感可能会帮助我的团队意识到规划和远见的严重性和重要性。我也不想给这一过程泼冷水,所以,当我们展望未来的时候,我也需要保持乐观和积极的态度。
解意	产生这些情绪的原因是什么? 公司聘用我来领导变革,如果我不能制定出一个战略计划,我还有什么作用? 我的未来就在于这种首创精神,我不能单枪匹马——我需要我的团队。现在,我已理解为什么团队成员们会有这样的感觉。我是一个新人,他们以前的老板就不关心战略规划,所以,我对大家要求越高,大家就越回避我。
移动	你将如何保持或移动这样的情绪? 为了达到这一目标,我必须调控好我的情绪。我知道,我的团队已意识到我的紧迫感、我的急躁和挫折感,这会阻碍他们与我的合作。在开会之前,我要确保自己放松下来,想象一下一个成功的会议是什么样的。我将平静地走进会议室,从闲聊入手,我甚至可能带来一些点心和咖啡。然后,我再向大家解释,为什么战略规划是如此重要,以及它能为我们公司带来什么。我会让大家都参与讨论,并告诉他们,如何在公司的未来发挥自己的重要作用。我们公司的成功,就是大家的成功。我希望,自己能搭建一个平台,让每一个人都成为公司的一员,共同合作,并对公司的未来充满信心,这样,在会议结束时,大家都会有一种积极向上的感觉。

所应用的策略：调节心境；选择处境；调节语气；情绪关系。

情绪智能领导者蓝图的成果：会前准备是非常有帮助的。想象一下，我希望会议如何顺利地进行，这实际上能使我心态更好。当我走进房间时，我能感觉到他们正期待我全身心地投入到规划讨论中。他们一方面对我的做法感到很惊讶，一方面喜欢我们在会前闲聊一会，放松一下。他们很欣赏我的坦率实在，以及我为什么要做战略规划，我也需要他们积极参与到这一过程中。我要尽自己最大的努力，不把我的计划强加于人，我很高兴，一旦我给予支持，大家都会参与进来。这次会议超出了我的预期。他们离开时，对自己和公司的未来都充满信心、责任感和兴奋感。

2. 情绪智能领导者蓝图:为表现不佳的员工提供反馈意见

背景:一年前,当史蒂夫为我工作时,他很敬业,表现也达到甚至超过我的预期。最近,我却注意到其工作质量在下降,不再符合团队和他个人的目标。以前我曾处理过这一问题,但没有看到他有任何改进,所以现在应是换一种解决方法的时候了。

目标:应理解为什么史蒂夫一直表现不佳,并让他本人采取行动,提高自己的工作表现。

情绪智能蓝图

步骤	该怎么做
映现	你和他人有什么样的情绪? 我对史蒂夫感到很失望,因为,我在上次和他的谈话时已经了他类似的反馈意见。我同样也很生气,他并没有采纳我的建议来改善自己的工作绩效。但史蒂夫似乎对自己的能力充满自信,也没有意识到自己的问题。他很可能会找借口,并采取一种防御行动,或许,只有当史蒂夫知道,我仍然认为他表现不佳时,才会感到震惊。
匹配	什么样的情绪更有益? 我知道,我的沮丧和烦恼对会谈毫无益处。相反,我将以开放的心态去接近史蒂夫。我会通过深度倾听和表现同理心,试着理解他的观点。我还会以积极而坚定的态度,针对他的表现,提供坦诚的反馈意见。

续　表

步骤	该怎么做
解意	产生这些情绪的原因是什么？ 我认为，史蒂夫自己也很想把工作做好。我知道，他还想晋升。史蒂夫可能缺乏获得成功所需要的人脉或支持，他甚至也担心自己的工作，或许，史蒂夫的自信掩盖了其真实的感受。在他的个人生活中，可能确有一些问题在影响他的工作表现。
移动	你将如何保持或移动这样的情绪？ 我会在谈话中调控好自己的情绪，平静地逐步消除自己的沮丧。我冷静的行为举止很可能将引起史蒂夫的关注。我会发表自己的意见，同时征求他的看法。我也会问一些开放性的问题，例如：你喜欢自己工作的哪方面？你在工作中的长处是什么？怎样才能帮助你把工作做得更好？我怎么做才有助于你达到自己的目标？如果史蒂夫对我的帮助持消极态度，我也要保持冷静，设法让他集中精力，采取积极措施以改善自己的工作绩效。

所应用的策略：生理调节（深呼吸）；情绪关系；匹配和验证。

情绪智能领导者蓝图的成果：史蒂夫以为，我会采取通常的"攻击"策略，并将在某种程度上感觉到我的挫败感。然而，当我选择对他表示支持并展现同理心时，他则变得更加坦率，肯与我共同探讨自己的家庭问题。他还认为，自己的工作并没有因此受到影响，但没有人注意到这一点。对此，我没有继续深谈，却表示愿意尽自己所能来帮助他。最后，史蒂夫要求在接下来的 4 到 6 周内为他安排一个灵活的工作日程。我同意为他先安排一个为期 2 周的尝试,看看是否可以。为此,他对我表示深深的谢意,并为将个人家庭生活问题与工作表现混淆在一起而道歉。不久后,我看到史蒂夫的工作绩效的确有所改善。

3. 情绪智能领导者蓝图：向获得高成就者告知令人失望的消息

背景：黛比在我的团队已经工作了 5 年，她的工作能力在一般人之上，是一名优秀的团队成员，她很渴望成为一名主管。最近，黛比曾申请主管的职位，但没有被选中。她曾认为自己很有希望。我真的不想给她带来这一令人失望的消息，对她来说，这是一个不小的打击。

目标：告知黛比，这次她没有得到晋升的机会，并鼓励她继续保持奋发向上的积极性。

情绪智能蓝图

步骤	该怎么做
映现	你和他人有什么样的情绪？ 我感到很难过，因为黛比没有得到她为之努力工作的回报，而且我也为必须要将这一信息告知她，觉得有些焦虑。黛比是一个积极乐观的人，但她的快乐心情可能因此而变为强烈的失望。我想这一消息会给她带来很大的打击，令她感到伤心、失望和沮丧。
匹配	什么样的情绪更有益？ 黛比是一个敏感的人，我需考虑到她的感受，给她以鼓励和支持。我将表现出自己的同理心，"我能设身处地理解你的感受"。我也不希望黛比就此消沉下去，并举例提醒她曾经是多么的优秀！我还将建议她，下一次再申请主管职位时，应更好地定位自己。以后她也需要深入地探讨和总结这一问题。最初的情绪逐渐平稳下来，黛比的思维也变得更加清晰。

续　表

步骤	该怎么做
解意	产生这些情绪的原因是什么? 黛比的工作很努力,听到这一消息会觉得这是一个不公平的回报。她可能需要几天时间,才能从这次挫折中恢复过来。我会进一步看重她的长处和那些积极向上的品质,同时提供有用的反馈意见,这样她可以在下次申请时(吸取经验教训)。
移动	你将如何保持或移动这样的情绪? 我会更频繁地与黛比联系,确保她对自己的工作更加投入并充满激情。我还会给她许多鼓励,这将激励她在项目中依然表现出色。同时,我也会给她提供更多可展示其管理能力的领导机会。

所应用的策略:情绪关系;匹配和验证;调节语气。

情绪智能领导者蓝图的成果:我的看法是对的——黛比的确很难接受这一消息。显然,她深感失望,但她也能看出,为此我和她同样难过,我是多么想助她成功。除了进一步强调她曾经是那么优秀,我还鼓励她不要放弃自己的理想。我们商定每隔一周见面一次,共同探讨如何展示她的领导能力。她是带着积极向上的情绪离开这次会面的,我相信她将很快成为一名主管。

4. 情绪智能领导者蓝图:解聘不符合要求的员工

背景:特伦特在 5 个半月前加入到我们团队,从那以后就一直麻烦不断。他不是一个合格的团队成员,工作质量很差,态度也很恶劣。经过多次小组绩效反馈,我最终意识到,很遗憾,特伦特并不适合留在我们团队。6 个月的试用期一结束,我不得不通知他离开团队。

目标:告知特伦特被解聘的消息,以及解聘他的原因,是其没有达到团队的专业要求。

情绪智能蓝图

步骤	该怎么做
映现	你和他人具有什么样的情绪? 我感到有些顾虑,要将解聘的消息告知特伦特。我同样觉得有些内疚,因为他刚刚组建家庭,是家里唯一的经济支柱。而且坦率地讲,我也有点烦恼,我在他身上花费了许多时间和精力,团队里的成员都为他的态度和行为而感到压抑。特伦特本人也知道,自己的工作表现很差,但我认为,他没有意识到这样做的后果。如果他真的理解这一后果,他在工作中的表现肯定不会这么差。
匹配	什么样的情绪更有益? 这的确是一个严肃的问题,我也需要用严肃的语气通知被解聘的员工。我要向特伦特提供许多事实依据,使他理解自己为什么被解聘。我还想表现出诚恳的同理心,但又必须当心特伦特和自己的情绪,而不会削弱和影响自己的使命。特伦特可能会变得很冲动和愤怒,所以我在传达这一消息时,需要一直保持冷静。

续　表

步骤	该怎么做
解意	产生这些情绪的原因是什么？ 我已经就特伦特的工作表现给了他多次的反馈。其他团队成员也多次向他提出意见,但他依然置之不理。由于特伦特丝毫没有关注和改善自己工作的意愿,整个团队都深感灰心和厌倦。他一直在为自己找借口,并抗拒大家的反馈意见,使我所做的一切努力都归于失败。
移动	你将如何保持或移动这样的情绪？ 一旦我在情绪上做好准备,我就要精心安排我们之间的会面。在对话过程中,我需要不断提醒自己,无论遇到什么样的困难,不要偏离目标,安心放松,专注于需要做的事情。即使特伦特感到心烦意乱,我也需注意倾听、表现出同理心,并向他提供他需要做好下一步工作的信息。我将保持一个稳定的立场,以礼貌和专业的方式祝他一切顺利,然后结束会谈。

所应用的策略： 调节心境；临场干预；生理调节；调节语气。

情绪智能领导者蓝图的成果： 在会谈前,我真的感到有些焦虑,所以,我连做几次深呼吸使自己平静下来。我提醒自己,这一决定对公司来说是最好的结局。特伦特似乎对这一消息极为不满,对我大吼大叫,并把他糟糕的表现归咎于我。我谨慎地控制自己的情绪反应,并降低音量和语速,以在现场稳定自己的情绪。我始终保持冷静,和特伦特共同讨论了这一艰难决定背后的事实。他根本不想听我的意见,最后站了起来,怒气冲冲地走出了房间。我感到很失望,他并没有听我的反馈建议,但我觉得自己在这种情况下处理得很好。

5. 情绪智能领导者蓝图：留住未曾充分利用的最佳员工

背景：卡洛琳在我的团队已经有 13 个月了。她非常聪明，有很强的职业道德和充沛的精力。我给她的任何项目她都能迅速、准确和欣然地完成。我希望所有的员工都能像卡洛琳一样出色。最近，因为我们的工作量减少，我也没有什么项目可以给她做。卡洛琳是一个很有进取心的人，如果我不让她做更多的工作，恐怕她会离开我的团队。

目标：找到重新吸引卡洛琳的途径，力争将这样的人才留在团队中。

情绪智能蓝图

步骤	该怎么做
映现	你和他人有什么样的情绪？ 我很担心我可能会失去卡洛琳这一优秀的员工。她酷爱自己的事业，如果无事可做，她定会感到失望和无聊。我也会因此而内疚。然而，我必须公平对待团队里的每一个成员，不能因担心失去她，把所有的新项目都给她做。卡洛琳本人并不知道她的工作即将结束，在工作中每天都非常投入、开心和敬业。
匹配	什么样的情绪更有益？ 我不能因为担心失去卡洛琳，而推迟告诉她就要发生的事情。她应该了解真相。我需要坦诚，但也要给她以希望，事情很有可能会发生变化。我想让她知道，我是多么欣赏她的工作和才干，更希望把她及其工作热情和投入一直保留在团队中。

续　表

步骤	该怎么做
解意	产生这些情绪的原因是什么？ 当我聘用卡洛琳时,她和我曾共同讨论过她的职业目标。我知道她想快速晋升,并认为参与特定的项目是获得晋升的最快方式。但她又认为没有项目可做就等于升职无望,其情绪会在 10 秒内从积极转变为消极。我是非常看重和依赖卡洛琳的,如果失去她,对我的团队来说就是一个打击。
移动	你将如何保持或移动这样的情绪？ 我必须克服和战胜由于担心失去卡罗琳而带来的畏惧。我将和她见面,探讨其工作和我们公司的未来。具体来说,是和卡洛琳一起回顾一下她的职业目标,以及她在哪些方面喜欢目前这份工作。她在什么时候会感到兴奋和挑战？有哪些事情会使她感到厌倦和无聊？我们还将讨论如何将她的优势和工作激情融入日常工作中。我还需要让她对晋升抱有期望。卡洛琳是一个成就卓越的员工,她可能会对要用很长时间才能达到目标感到不耐烦。她还可能担心,如果不让她参与这些特定的项目,就不会被同事所注意。所以,我要激励她继续保持积极向上的心态,并经常给她以指导,使她为实现晋升的目标处于更好的位置。我还认为,对她的职业目标的坦诚和支持将有助于卡洛琳在其工作中找到一种满足感,哪怕不参与这些特定项目。

所应用的策略：调节心境；情绪关系。

情绪智能领导者蓝图的成果：卡洛琳和我进行了一次愉悦的交谈。她非常感谢我的坦诚以及我对她的职业目标和优势的看重。当然,她对那些特定项目的取消肯定也深感失望。在卡洛琳意识到我是那么想帮助她实现目标之后，她也感到很难过，因为我真的很在意她要离开我的团队。后来，我又指导她好几个月，她仍然是我们团队中的最佳员工。然而 6 个月后，她最终离开了我的团队，去了另一个需要有人负责特定项目的部门。虽然她的离去使我非常难过，但我还是很高兴地支持她，并希望她一切顺利。

6. 情绪智能领导者蓝图：应对对我不满的团队

背景：在过去的一年里，我一直在领导着我的团队，我认为，我是一个很好的领导者。我的团队成员们似乎对我的表现很满意，对他们自身的工作也很满意——至少我是这么认为的。当我收到了第一次正式的绩效评估，结果却令人震惊——评级很低。我的老板也注意到了，并想知道原因。不幸的是，只有我心中没有头绪！今天，我和我的团队成员一起开会，尽管我不想这样做，但我要在这一问题对我的职业生涯产生负面影响之前解决它。

目标：从我的团队中寻求坦诚的反馈，以提高每一个员工的满意度。

情绪智能蓝图

步骤	该怎么做
映现	你和他人有什么样的情绪？ 我认为团队成员们都很喜欢我，所以对此我感到惊讶和伤感，说老实话，也有些愤怒。我把自己的一切都贡献给团队，我感到自己被背叛了——这就是他们给我的感谢吗？他们真让我失望。我的团队成员表面看起来对我还算满意，但调查结果却显示出他们对我怀有深深的不满。

续　表

步骤	该怎么做
匹配	什么样的情绪更有益？ 我的情绪看起来很不好。我不能带着恼怒或伤感走进会议室，这样，他们会立即制止我。我需要创造一个安全可靠的环境，让大家对我敞开心扉。我不会感到心烦意乱，只想了解问题到底出现在哪里。我将提出我的反馈结果，并和大家共同讨论我的担忧。我要告诉大家，我会认真对待他们的工作满意度，我的工作职责就是为大家创造一个愉快且具支持性的工作环境。我希望他们能看到我的努力，而且我也要做到，我需要得到积极的、变革性的反馈意见。
解意	产生这些情绪的原因是什么？ 我需要理解，为什么我对团队的反馈意见感到失望。我以为我所做的一切都是对的，显然，是我错了。反思为什么我的团队成员会感到不满意，我不愿意承认这个事实，但又确实理不出头绪。我没有花费时间去了解做什么会让大家感到满意，而反过来，他们也必然选择对我的工作表现加以反馈，以便让我确切地知道，他们是如何感受的。
移动	你将如何保持或移动这样的情绪？ 为了让大家敞开心扉，我不能为这样的结果辩解或发怒。相反，我要带着平静和愉快的心情去参加会议。我会对他们的反馈表示非常关注，并认真倾听，以确保我了解问题出现在哪里。我也会安排一对一的会谈，更好地了解他们。我们将讨论他们的职业目标，他们喜欢工作中的哪些方面，什么让他们感到无聊或沮丧，他们喜欢做什么以获得乐趣，什么对他们来说是重要的。同样，我也会和他们共同分享，他们可能不知道的有关我的事情。我希望，与大家在更私人的层面上建立关系和信任，以有助于提高大家的满意度。

所应用的策略：调节心境；重新评估；临场干预；选择处境；情绪关系；匹配和验证；生理调节。

情绪智能领导者蓝图的成果：小组会议进行得很顺利，但我能看出大家有些踌躇。他们已觉察到我的关注点，但还是不太相信我的初衷。直到进入一对一交谈的时候，我才注意到这一转变。起初，他们非常小心谨慎，也有一定的戒心。我知道，我必须谨慎管理我的情绪，这样才不会把他们吓退。我把各方面的问题列成表，这样就不会失去焦点。团队成员们也看得出，我有过一段艰难的日子，但我真的很关心他们。他们看到，我确实想要做出变革以改善工作环境来支持大家。有些人比其他人更宽容一些，在每次会面中，我都表现出较为脆弱、有求知欲和谦逊的态度。最终，我们更加了解了对方，相互的信任也开始建立起来了。现在，我已知道每个成员的"喜恶爱好"。幸运的是，对人际关系的投资已奏效，我的下一次团队评估已显示出明显的进步——这令我和我的老板都非常高兴。

7. 情绪智能领导者蓝图:引导无效杂乱的会议

背景:在过去的5年里,我一直在领导我的团队,我们的会议逐渐变得没有任何讨论焦点,显得杂乱而松散。我甚至想不再开会了,大家也有同感。结果,开会变成了浪费时间,如果不尽快做出改变,团队就会永久地丧失组织动力和凝聚力——而不仅仅是体现在会议上。

目标:每周召开一次会议,通过参与和联系,让我们的团队重新凝聚起来。

情绪智能蓝图

步骤	该怎么做
映现	你和他人有什么样的情绪? 虽然是我来主持这一会议,但必须承认,我在会议期间也感到厌烦、动机不明和缺乏兴趣。我知道,大家对浪费时间开会会感到很恼火,而他们本来可以做一些更有成效的事情。
匹配	什么样的情绪更有益? 遗憾的是,我们惧怕开会,而不是期待开会。我希望把我们的会议开成具有吸引力的、大家都积极参与和支持的会议。
解意	产生这些情绪的原因是什么? 老实说,大家都感到精疲力竭。我们有那么多的事情要做。我们不想参加这种浪费时间的会议,而是要打销售电话、拜访客户。我们开会的唯一成果就是恼火、失望和焦虑。
移动	你将如何保持或移动这样的情绪? 开会其实非常重要,因为它提供了一个分享和更新影响我们工作以及在重大项目上合作的平台。我需要使大家从希望退出转向积极参与。首先,我要端正心态,这样,

续　表

步骤	该怎么做
移动	在我走进会场时就会感到信心十足和充满活力。我需对我们最近几次会议的基调负责,并征求大家的帮助,以恢复到我们曾经的良好状态——使会场成为我们参与、支持和创造成效的地方。大家可能会因为太忙而对开会产生一种阻力,但我会一直保持微笑和赞许,表现出一种同理心和坚持不懈的信念。

所应用的策略:调节心境;自我对话;选择处境;改变处境;情绪关系;重新评估。

情绪智能领导者蓝图的成果:会议未能完全按照计划所进行。虽然,我通过放松心态和事先做好心理预期来为会议做了一定的准备,但我却没有想好,如何应对他们的反应。尽管我知道他们可能会抵制我的要求,但我仍然对所发生的事情感到震惊。会议一开始,我就表示和大家一样,我也不喜欢我们会议的形式,立刻就引起了他们的反对。他们说,如此糟糕的会议都是因为我没有组织好,因此,他们对我很不满意。我立刻意识到,我应该先表示为我们会议的目标承担责任。通过短暂的休息,我从震惊中恢复过来,从我应该起步的地方重新开始——承认我的错误并肯定大家的感受。最后,我们又讨论了工作压力和会议的目标。一旦我们心中有了方向,大家就会集思广益,想办法让会议变得更吸引人和更有意义。我们花了一段时间来相互磨合,散会之时,大家都全身心地投入,争取开好我们的下一次会议。

8. 情绪智能领导者蓝图：领导虚拟型团队

背景：我领导一个由 12 名专业人员组成的团队，共分布在 4 个地点。团队里的每个员工都有自己的职责范围，并享有高度的自主权。所谓的挑战在于，我们每周只能通过视频见一次面，每次一小时。我注意到，有些人似乎不很投入，也没有团队意识。我感到困惑，不知如何让大家重新融入团队中并找回我们的合作精神。

目标：在一个虚拟型团队中建立信任和友爱。

情绪智能蓝图

步骤	该怎么做
映现	你和他人有什么样的情绪？ 我很担心，我的团队因此而形成分裂，在情绪上各自孤立。大家似乎也不分享工作信息，或许是因为彼此难以信任。在开会期间，我还看到有的团队成员面露沮丧，甚至变得冷漠。
匹配	什么样的情绪更有益？ 我希望我的团队成员们在一起能感到快乐，他们是积极乐观的，并期待彼此见面。我还想让大家在一起有一种安全感，愿意与他人分享挑战，以共同协作。
解意	产生这些情绪的原因是什么？ 在一个虚拟型团队中工作是很困难的。我们每周只能见面一小时，有的成员使用视频，有的成员则不喜欢视频。在工作中，有些人分享很多，有些人却分享很少。每个人都有自己的专业，并不了解其他人都做了些什么。这样，他们在工作中如果遇到了挑战，也很难获得他人的支持。人人都显得彬彬有礼，但却沟通甚少。我很理解大家为什么会这样孤立分离。

续　表

步骤	该怎么做
移动	你将如何保持或移动这样的情绪？ 整个团队已有一年多没有开过现场会议了。近来，有 5 个人新加入我的团队。我认为，如果我能把大家聚集在一起，这将有助于建立人际关系和相互信任。然而，我还没有真正了解我的团队成员，或者他们也没有真正了解我。首先，我要进行一对一地交谈。我需要知道，是什么令他们感到快乐、沮丧、无聊和自豪。我将每周与每个成员单独会面。我还将改变我们的周会议程。不是询问大家在做什么工作，而是希望与他们共同分享工作上的成功和令他们感到兴奋的事情，以及团队可以帮助解决的挑战。如果他们暂时没有什么可分享，我就会让大家讨论，每个人正在做的事情，这样其他人也都能更好地理解自己的职责。我们还需要花几分钟检查一下，每个人身上都发生了什么——从我开始，以模拟自己的行为，从而营造一种信任和友爱的氛围。

所应用的策略：调节心境；情绪联系。

情绪智能领导者蓝图的成果：我安排了一对一的会议，实际等于犯了一个很大的错误。我并没有告诉他们我为什么要和大家会面。有些人因为我想见他们而忧心忡忡。这不是一个良好的开端！一旦他们理解我和他们见面的原因，他们就会松一口气，逐渐地投入到会议中。虚拟会议看起来困难更多。我要尽自己最大的努力去匹配他人的情绪，这样我就不会处于一个居高临下的地位。我一直在微笑，我的声音也传达出一种热情和友爱。我相信，会议开得很成功，我同时注意到，我的团队在我改变了会议的形式后,开始更积极地参与我们的团队会议。我们期待在一两个月内再度会面,今后我的团队将变得更加强大,对此我充满信心。

9. 情绪智能领导者蓝图: 做出不受欢迎的招聘决策

背景:我一向是根据团队意见来制定招聘决策的,但作为部门主管,我有最后的决定权。最近,我们有一个重要的职位空缺,约瑟和维罗妮卡是我们面试的最后两位候选人。团队成员们都对约瑟非常欣赏,感到很兴奋,但对维罗妮卡评价不高。约瑟充满活力,机智而迷人,看起来更像是一个朋友,而不是一个求职者。维罗妮卡却显得更为低调和内敛,但她的技能高超,表现出很强的判断力,能给出深思熟虑过后的回答,并对自己有一种令人耳目一新的开放态度。我很想聘用维罗妮卡,但我知道,这样做将会导致团队出现不和谐的裂痕。

目标:让我的团队理解并支持我的招聘决策。

情绪智能蓝图

步骤	该怎么做
映现	你和他人有什么样的情绪? 我对维罗妮卡很中意。团队成员们却非常欣赏约瑟,对维罗妮卡持中立态度。他们也确信我会聘用约瑟。我担心,当我聘用维罗妮卡后,团队成员们会感到恼怒和不被重视。
匹配	什么样的情绪更有益? 大家在招聘时处于高度兴奋状态是没有好处的。他们过于从积极的角度想象约瑟将如何融入团队中,而不是客观地评价他。维罗妮卡则由于缺乏个人魅力而让大家把

续　表

步骤	该怎么做
匹配	注意力集中在她平淡无奇的工作面试上,因此,团队成员们认为,她不适合成为团队的一员。然而,我的理智让我看清了这两位候选人的优缺点,最后帮助我做出了正确的选择。
解意	产生这些情绪的原因是什么? 我的团队成员都是很优秀的,在大多数情况下是积极乐观和向上的。他们很快与约瑟建立了情绪联系,约瑟也与大家在性格、气质方面很相近。我需理解他们的热情和积极性,并知道他们会对我的决策感到失望。我会尽自己最大的努力帮助大家理解,我为什么要选择维罗妮卡作为团队的一员。
移动	你将如何保持或移动这些情绪? 在公布我的决策之前,我将花几分钟时间来准备,因为这一会议不会开得很顺利。我预计会有惊讶、沮丧、烦恼和阻力。这意味着,我的团队成员们可能会完全拒绝我的提议,更不理解为什么我会选择维罗妮卡。首先,我请大家列出两位候选人各自的长处,然后询问他们,喜欢每个候选人的哪一点。我要把重点放在每个候选人将要承担的角色上,以及每一种长处如何与工作相匹配。我还会请大家保持专注,并质疑他们的客观性,以有助于移动他们的情绪。最终,我希望大家能把维罗妮卡看作是一个更具有优势的候选人。然而,如果大家仍然认为约瑟是一个更合适的候选人,我的这种做法可能会适得其反。

所应用的策略:重新评估;选择处境;临场干预;匹配和验证。

情绪智能领导者蓝图的成果:会议开始时,我就使用一个活动挂图来列出每个候选人的强项,似乎一切进行的都很顺利，直到团队成员们意识到，我很想聘用维罗妮卡。他们马上对我的说服工作产生防范心理并感到恼怒，大家强烈地反对我的提议，并站在我的对立面。我们没有达成共识，反而变得更加分裂。在休息15分钟后，我们再次开会，我告诉他们，我非常重视大家的意见，也能理解为什么约瑟会得到大家的欣赏。一旦我松弛下来，并对他们的反馈持开放心态，大家也都纷纷放下戒心。然后，我们才能进行有意义的对话，对话的重点是谁最适合我们的组织。每一个成员都感到自己的意见被倾听和重视了。尽管起步依然很艰难，但最后我们都统一了看法，认为维罗妮卡才是最佳的选择。

情绪智能领导者蓝图:与上级领导和平级同事协同工作

10.情绪智能领导者蓝图:应对反复无常的老板

背景:詹妮弗成为我的老板快 3 年了。当年她聘用我时,对我能为团队带来的变化感到非常兴奋,并让我负责一个新部门。詹妮弗过去和我关系很好,几乎是亲近的朋友,但现在情况变了,她经常批评我和我的团队,并在会议上大喊大叫。对她反复无常的行为,我不知道我还能忍受多久。

目标:理解老板的行为,努力改善工作环境。

情绪智能蓝图

步骤	该怎么做
映现	你和他人具什么样的情绪? 我担心老板对我失去信心。每次和她说话我都很紧张,害怕自己会做错或说错什么。我也很生气,她对我的团队太严厉,大家都害怕她。显然,我感到詹妮弗表现出的是怒气、敌意和反复无常。

续　表

步骤	该怎么做
匹配	什么样的情绪更有益？ 我的个人情绪正在削弱我有效沟通、工作和创造的能力。詹妮弗的愤怒情绪也影响到办公室里的每一个人,所有的团队成员都感到焦躁不安、如坐针毡。我们应该协同合作,以创造更多的新产品,重新享有我们不久前所享受的团队精神。
解意	产生这些情绪的原因是什么？ 近来,詹妮弗的压力也很大。她的老板曾严厉批评并过问她的行为。也许她是担心可能会因此失去工作。我还知道,她最近住院了。詹妮弗的病情可能就来自于她的情绪状态,也有可能是我没有达到她的要求,看来她想从我这里获得业绩。
移动	你将如何保持或移动这样的情绪？ 尽管我感到很紧张,但我必须和詹妮弗见面。我要小心谨慎,因为她已经很生气了。所以我需要好好准备我们的会面。我要放松心情,以平和的心态,准备倾听。我还需要确保我的老板有一个好心情,这样我就可以在她感到平静的时候安排会谈。我将非常注意我的语气和肢体语言,因为如果詹妮弗感觉到恼怒或悲伤,她就不会让我开口。我还要准备一些合适的问题和陈述,以帮助我一直专注于我们会谈的目标。在会谈结束时,我就能了解詹妮弗对我和我的团队在未来有什么期望。

所应用的策略:调节心境;重新评估;自我对话;生理技术;临场干预;选择处境;改变处境;匹配和验证;调节语气;情绪同理心。

情绪智能领导者蓝图的成果:这是我所经历的,最困难的对话之一。为这次会谈,我做了很长时间的准备。我曾预想可能会发生什么,我该如何陈述这一问题,如果詹妮弗的反应消极,我又将怎么做。我还做过沉思,告诉自己一切都会好起来——我做的是正确的。我知道她不喜欢我流露情绪,所以我在会谈中一直用事实说话,使自己的情绪保持中立。詹妮弗的声音渐渐高了起来,我则运用深呼吸的技巧,提醒自己不要偏离会谈的目标。我平静地等待,并礼貌地问她对我和我的团队的期望。另外,我们是不是做了什么令她心烦意乱的事。最终,她的愤怒平息了,她又开始哭了起来。她说,她的病情正在耗损她的精力,并且她觉得自己不能再像以前那样领导我们了。詹妮弗甚至还和我讨论了她所服用的是可导致情绪波动的药物。她为自己所造成的混乱现象而道歉,并深感痛心。在我们会谈之后,她又勇敢地把自己的现状告诉了我的团队。我很感激她和我共同分享了已发生的一切,尽管我们不像以前那样亲密无间,但我们之间的关系已改善很多。

11.情绪智能领导者蓝图：应对精神颓废的老板

背景:我在事业上已取得很大的成功,并愿意为我的组织献力献策。我的老板威尔聘用我,因为他知道我很有发展潜力,同样我也很兴奋,因为威尔看起来就像一位伟大的人生导师。我真的很喜欢向他请教问题,和他一起做项目,共同分享我的兴趣。但是近几个月来,我注意到他总是取消我们之间一对一的会面,也很少打电话、发邮件或来我办公室。当我顺道去他办公室拜访时,他似乎也心不在焉。我们已经有好几个星期都没有进行过有意义的对话了,我不禁想知道,我是不是做错了什么,导致他回避我。

目标:和我的老板重新建立联系,以获得我事业成功所需要的支持。

情绪智能蓝图

步骤	该怎么做
映现	你和他人具有什么样的情绪? 我感到自己已被老板所遗弃,这让我有些失望和焦虑。我很困惑,这期间到底发生了什么。威尔有时显得冷漠颓废,有时无所事事,甚至每天都过得昏昏沉沉。
匹配	什么样的情绪更有益? 在过去的一个月里,我对工作完全失去了热情,工作效率也大受影响。我原本是积极向上的,但现在我却变得消极起来,意识到他人对我所产生的消极影响,我急需找回我的积极性!

续　表

步骤	该怎么做
解意	产生这些情绪的原因是什么？ 我其实是一个开朗大方的人，也喜欢和我的老板保持密切关系。对我来说，能够感觉到被支持和被关心比什么都重要，与我的老板威尔失去了原有的联系使我的心情非常压抑。威尔可能是因为我做的某件事而精神颓废，也可能是因为一些与我无关的事情。
移动	你将如何保持或移动这些情绪？ 我想，在我们会面期间保持一种积极乐观的态度，并准备接受威尔的任何反馈意见。我还想让他知道，我是多么重视他的指导。如果他现在的行为是因为我所致，我将征求求他的意见，看看需要我做哪些更正。如果这件事与我无关，我也会表现出关切和同理心，并询问他我能提供哪些帮助。

所应用的策略：调节心境；重新评估；自我对话；情绪联系；匹配和验证。

情绪智能领导者蓝图的成果：威尔和我进行了一次效果很好的会谈；我提到我们已经不像以前那样经常见面了，我真的非常怀念他的指导。他很惊讶。他认为我已经做得很优秀，就不再需要他的任何帮助了。他自己也不想管得太细太多，所以特意与我保持一定距离。当我告诉他我非常重视我们之间的会面，他显得非常高兴。我们都同意每月进行一次的会谈是指导性的，而不是工作性的。我们的会面使双方都感到非常愉快。我很高兴能把自己的真实想法告诉威尔，而不是忽略自己的感受。

12.情绪智能领导者蓝图:应对缺乏职业道德的老板

背景:在过去的 10 年里,我一直为杰夫工作,担任他的首席财务官。杰夫是一个出色的高级管理人员,他非常关心组织的发展。作为一个非营利组织,随着经济和政府资金的紧缩,我们变得越来越依赖捐赠者。昨天晚上,杰夫在下班后来找我,询问我如何记录我们的一项债务。他还问我,是否可以重新分类负债,以提高底线。我解释说,我们不能这样做,因为它违反了会计准则。他仍然坚持他的观点,终于,在激烈的争论之后,他告诉我——就这样做。很遗憾,这不是那样简单,我现在不得不面对一个可能要结束我职业生涯的决定。

目标:理解我的老板的行为,并从道德层面上解决问题。

情绪智能蓝图

步骤	该怎么做
映现	你和他人有什么样的情绪? 我感到很震惊,我的老板杰夫竟然让我做这种不太道德的事情。我担心如果我按照他所要求的去做,我可能会惹上麻烦。我因此还有可能会失去我的注册会计师执照、我的工作,以及我的诚信和自尊。我也有些恼火,杰夫让我处于这种进退两难的境地。我认为我们是很好的朋友。所以我确信杰夫是对我们组织的未来感到担忧——是他帮助创立了这一组织。他甚至可能也会因为要求我做这种不符合道德的事情而感到内疚。

续　表

步骤	该怎么做
匹配	什么样的情绪更有益？ 我知道，极大的焦虑正在削弱我的思维和思考的能力。这不是我的希望或愿望所在——尤其是在我们的未来岌岌可危的情况下。我们要在一周内提交财务报表，我需要关注的是目前所处的困难处境。我还需要放松一下自己的情绪。
解意	产生这些情绪的原因是什么？ 杰夫担任我们组织的主管已有十多年了。他很热爱这个组织，并愿意做任何事情来确保我们为那些需要服务的人提供服务。我知道他非常忧虑，因为给我们的捐款在不断减少，我们的投资也没有达到预期的目标。杰夫是一个称职的领导者，我想他一定知道让我这样做是错误的。
移动	你将如何保持或移动这样的情绪？ 我会将把我们的会谈安排在杰夫比较放松的时候。在交谈期间，我会将我们正在做的高尚工作与他本人联系起来，并感谢他为全体员工和客户所做的一切。我想让他知道，人们是多么关心他、爱护他。深深地感激他公仆般的服务。我还会告诉他，我希望他在未来的许多年里继续领导我们，但我很忧虑他要我做的事情。我将请他解释，为什么他要让我做一些可能会危及我们未来的事情。我不想让他为自己辩护或对我发火，所以我会保持冷静并倾听。我要告诉他，他不是自己一个人在战斗，他的员工还有董事会和我们的客户都支持他。我们会共同提出一个解决方案，但必须是光明正大的。我希望他能意识到形势的严峻，并继续寻求一个合作守法，并符合道德的解决方法。

　　所应用的策略：调节心境；重新评估；生理调节；情绪联系；匹配和验证；调节语气。

情绪智能领导者蓝图的成果：这是一次艰难的会谈。我是杰夫的朋友，我知道他也会对自己的行为感到失望。我是从一个关心和关怀的角度出发，起初他予以否认，认为没有什么地方做得不对。当我提到财政收入和来自捐助者的支持在下降，并问他是否对此感到担忧，他才慢慢地开始吐露他心中最大的恐惧是无法为那些需要帮助的人提供服务。这时，他又激动得说不出话来。我和他一起分享我们的情绪，把心中的苦闷都说出来。我告诉他，他让我所做的，其实并不能解决我们的问题。同时我告诉他，在整个团队和董事会的帮助下，我们是可以解决这一资金问题的。杰夫意识到自己并不孤单，就觉得非常宽慰。他对要求我所做的事，深感尴尬和惭愧。他还问我是否可以原谅他，并帮助他找到符合道德的合作解决方案。我做到了这一点，幸运的是，我们在资金状况恶化之前就已经扭转了组织所面临的困境。

13. 情绪智能领导者蓝图：和爱表现自己的同事一起工作

背景：我和安在一起工作已有 5 年了。她在家庭办公室工作，我在公司办公室工作。我们经常在一些特定项目上合作。不过，最近安表现得好像只是她一个人在做我们的项目。我曾提出过一些很好的想法来推动我们公司向前发展。但是在和老板开会的时候，安将大部分功劳都归于自己，而不让我插一句话。我不知道安为什么要抢我的功劳、否定我的成绩。现在应是找出其中缘由的时候，不然我怕控制不住自己的脾气。

目标：更有效地与同事合作。

情绪智能蓝图

步骤	该怎么做
映现	你和他人具有什么样的情绪？ 我的同事把我的功劳据为己有，我因此很生气。同时我也很失望，因为我和安是多年的朋友。令我感到担忧和焦虑的是，我的老板会认为我没有做到尽职尽责。我现在害怕和安一起工作，并想退出我们的合作项目。我也不再和安分享我的想法，我真的感到很沮丧灰心。
匹配	什么样的情绪更有益？ 这种状态不会持续太久，因为我的行为对我的士气和工作效率产生了很多负面影响。我不能永远回避安，我需要积极主动地解决问题。我希望并且需要与安进行更积极和更投入的合作。

续　表

步骤	该怎么做
解意	产生这些情绪的原因是什么？ 难怪我有这样的感觉，因为赞誉对我来说也重要。我在团队合作和荣誉共享等方面一向做得很好。我一直是一个善于团队合作的人。我知道安正在为提升而努力，或许这就是为什么她想得到更多的荣誉。我还知道安并非很有"创意"，她的优势更多地体现在细节上。她试图以不同的方式来描绘自己，并通过窃取我的想法这一方式来实现。
移动	你将如何保持或移动这样的情绪？ 安和我都需要尽快解决我们之间的问题。如果我们做不到这一点，就会对我们未来的成功产生负面影响。我们将无法完成我们的项目，老板也会认为我们无能。安和我有着共同的目标——向我们的客户提供创新产品，并获得专业上的成功。在我们进行会谈之前，我要花点时间做好心理准备。我要练习深呼吸技术以确保自己保持冷静。我还将预估她的情绪反应，并记下要询问她的一些想法和问题，以确保我们有一个富有成效的会谈。在会谈中，我会调动自己的情绪，使自己始终保持清醒的头脑。我将让安认识到，我们是一个卓越的团队，并感谢她为我们团队所做出的贡献。我也会询问她的职业目标，并和她共同分享自己的职业目标。我会询问她对与我共同合作项目的感觉如何，以及我们怎样才能更好地携手合作。我还会请教她我们该如何向老板汇报情况，以确保我们两人的意见都能被老板掌握。最后，我需以积极合作的态度结束会谈，并让安知晓，我真诚地期待与她在未来的项目中继续合作，并期盼这次会谈能实际改善我们在以后的关系。

所应用的策略：调节心境；自我对话；生理调节；情绪联系。

情绪智能领导者蓝图的成果：我在和老板会面后不久就见到了安，她从老板那里获得了赞誉，并屏蔽了我的成就。为了我和安的会谈，我做了很多准备，会谈之初就和她分享了我的感受。安对我所感觉到的一切并不觉得惊讶，因为在谈话过程中，她也能看到我脸上的表情。当时，我没有意识到我的不满情绪已经流露出来了，如果安能体验到，我相信我的老板也能体验到。对我而言，这就是一种最好的个人反馈。我询问安为什么要把我的功劳归到她的名下，也不给我表现的机会。当她开始哭的时候，我就能看出，她确实感到非常难过。她承认，她主要是担心我会比她先得到升职的机会。然而她并没有意识到，她这是以损害我为前提来提升自己。我把自己的实际感受告诉安，这使我感到非常舒畅，内心轻松很多，她也不是有意来做这件事的。我们发誓，在未来的工作中，大家将互相支持，而不是互相拆台。这真是一次情绪激动的会面，但效果很好。作为一个优秀的团队，我们按照目标计划完成了项目，老板很满意。在第二年，我们两人都得到了晋升。

14. 情绪智能领导者蓝图：与志愿者董事会合作

背景：一年多前，我被一家非营利机构的志愿者董事会聘为首席执行官。董事会主席担任这一职位已有20年，大多数董事会成员在董事会任职也有20多年了。我注意到，董事会会议已出现功能失调的迹象，而他们并没有意识到所做的决策已不符合组织的最大利益。因为我是刚刚上任，并不想让董事会马上陷入动荡不安，但如果他们不尽快进行更多的变革，我们非营利组织可能就会遇到麻烦。

目标：使董事会充分发挥其职能和作用。

情绪智能蓝图

步骤	该怎么做
映现	你和他人有什么样的情绪？ 我对董事会成员之间缺乏相互尊重感到震惊。我担心的是，个性正在妨碍我们为所服务的人们做最有益的事情。我的领导层也对期望中的董事会所为感到困惑，我们都对未来的方向，或者说缺乏方向忧心忡忡。在每月举行的例会上，董事会对我及我的领导团队都表现出一种敌意。他们似乎对我们的战略远景很不满意，但他们又不说出原因在哪里。
匹配	什么样的情绪更有益？ 我们目前的情绪状态妨碍和削弱了有效合作与沟通的能力。我们需要在安定的条件下，参与有关本组织未来这一重大主题的讨论。我们还需要团结协作，暂停判断，并对不同的选择和发展可行性持开放态度。

续 表

步骤	该怎么做
解意	产生这些情绪的原因是什么？ 我刚刚就职，也许董事会成员们正在拿我和前任 CEO 做比较。前任 CEO 制定了所有的决策，然后告诉董事会该做什么，而不是相反。我们的董事会也有一些新成员，他们希望引导变革，更多地参与讨论。我认为，这些经验丰富的董事会成员已感受到这种新方案所带来的威胁和挑战。他们表达了对缺乏凝聚力和相互合作的担忧，这让其他的董事会成员也感到担忧，并采取防御心理。
移动	你将如何保持或移动这些情绪？ 我们非常感谢在董事会中有不少勇于奉献的志愿者，他们经验丰富，真正关心客户，希望把服务做好。我觉得如果我们过于关注现状或为过去的行为辩护，就会忘记为我们的员工和客户创造未来。如果我们能够围绕我们的使命和未来团结起来，其他负面情绪将会消退，取而代之的则是兴奋和承诺。我将与董事会主席联系，共同讨论我所观察到的情况，并就战略远景和规划，建议召开几次相关会议。

所应用的策略：调节心境；重新评估；情绪联系。

情绪智能领导者蓝图的成果：上次董事会会议刚结束，我就与董事长见了面。这是一次典型的、充满争吵和缺乏焦点的会谈，当然，也是探讨正在发生的事情的完美时机。最初，董事长处于防御心态，他否认存在任何问题。然而，当我和他讨论我所看到的这些反常现象时，他承认他也意识到，只是不知道该如何处理，而且感到非常欣慰我能予以帮助。于是，我们讨论到董事会和我的领导团队将围绕组织的未来展开为期两天的现场战略远景会议。我们都赞同把团队建设与未来规划结合起来，以专业的角度促进组织发展。这样，我们大家都可以从个人层面上相互了解，并确立一个共同的目标，即关注我们组织的使命和未来的发展潜力。会议结束时，我们都满怀希望地认为，这次变革将重新聚焦，再次吸引和激励我们组织的所有成员。

15. 情绪智能领导者蓝图：与缺乏动力的同事一起工作

背景：我们团队里的大多数成员，工作都很努力。但有一个人是你不能指望的。就是我们的同事吉莉安，我们都忙得像一个疯子一样，她却闲得犹如在海边漫步，这真的开始对我产生了一种负面影响。对吉莉安来说，没有任何事是急迫的，她是和我共事过的最缺乏工作动力的人。我们应尽力做到人人为我、我为人人，但是几乎没有人愿意和她一起工作。由于吉莉安对自己的行为不负责任，她牵头的项目也基本处于停顿状态。大家差不多对她都不抱什么希望了，而她似乎没有注意到，或根本不在乎。

目标：让同事们关心她及其工作，以重振我们的团队意识。

情绪智能蓝图

步骤	该怎么做
映现	你和他人有什么样的情绪？ 我知道自己心里真的很不舒服，有点嫉妒和反感，因为我们的老板放纵她松懈偷懒。我还担心她的缺位会对我的工作产生一定的负面影响。同事们也都对她很厌恶。吉莉安的情绪则更加难以理解，因为她好像从不烦恼，从不焦虑，在她看来，一切都"非常好"。

续　表

步骤	该怎么做
匹配	什么样的情绪更有益？ 我意识到我对吉莉安抱有的负面情绪使我的大脑也不再冷静。我并没有尽我所能，因为我只关注吉莉安每天无所事事，而不是我自己应做的工作。我需要全身心地投入到工作中，而不是一味地抱怨她，把自己也陷进去。
解意	产生这些情绪的原因是什么？ 明年，我希望晋升到一个新的岗位，因此每天都需要以最佳的情绪和精力来工作。我的工作时间很长，需要准时并按照预算的要求完成我的项目。不幸的是，我工作上的成就要依赖于吉莉安，如果她不能按时完工，我也不能按时交付项目。她缺乏动力、丧失责任感，完全违背我的价值观，并给我的工作和职业生涯带来影响。但吉莉安似乎不把这些放在心上，因为我们的老板不会因为工作延误而要她负责。如果老板都不担心，她有什么好担心呢？
移动	你将如何保持或移动这样的情绪？ 为了专注于我自己的工作，这意味着我不能把注意力分散到吉莉安身上。当我看到她的行为完全违背我的价值观，但实际上这并不能影响到我，我应该学会，我做我的，她做她的。我还应创造一种像"随她吧""保持专注"或"保持乐观"这样的心理定力。当然，有几个项目我还需要她的帮助。我必须弄清楚，对吉莉安来说，什么是重要的，以及如何才能更好地与她合作。她好像什么都不在乎，但她是不是也已做了一部分工作？我需与她会面，就我们共同合作的项目进行沟通，同时集中精力，先做好手头的工作。我知道，我需要从她那里得到什么，吉莉安是这样的人，如果你向她要什么，她就会给你什么。与其心怀怨恨，不如带着感激之情，请求她给予我需要的帮助。我还必须使自己的情绪更为中性，并明确如何从吉莉安那里得到我所需要的东西。

　　所应用的策略：生理调节；自我对话；临场干预；重新评估。

　　情绪智能领导者蓝图的成果：吉莉安和我有一个项目已滞后两周了，我不得不要和她进行一次谈话，让我们把失去的时间尽快追回来。我知道，如果我情绪失控就会对吉莉安产生责备、挫折、反感和恼怒这些情绪，但这都无助于我和她的会谈。在会谈前，我听着轻松的音乐，然后到户外散步，让自己的心情平静下来。会谈期间，我积极地评价我们所做的那些杰出的工作，大家的目标都是如何按时高质地完成项目。我期盼吉莉安的反应，她可能没有看到这一项目的紧迫性或重要性。我显得很冷静，坚持就事论事的事实，并问她，我们需要做些什么才能完成项目。她不认为自己必须再做哪些工作，于是，我又问她，为了完成项目，我还需要做些什么。她拿出了一份清单，对此我没有感到气愤，而是向她道谢，然后结束了会谈。一个星期后，这一项目顺利地完成了。我清楚，除非我们的老板出面介入，否则吉莉安是永远不会改变自己的。不管怎样，我可以集中精力在我所能控制的事情上——针对吉莉安的情绪。有些时候，在这方面对她要比对别人需付出更大的耐心，但我正在努力！

16. 情绪智能领导者蓝图:与不支持你的同事一起工作

背景:我在公司已工作了7年,鉴于我较强的领导能力和技术专长,最近被提升为高级副总裁。我负责管理一个团队,负责公司50%的利润。执行总裁很欣赏我,但由于某种原因,我的同事们却不欣赏我。我尽量不把这些放在心上,但我注意到,他们从来不征求我的意见,平素的沟通交流也都排斥我,就好像没有我这个人似的。我想很成为团队中的一员,但是无论我做什么,好像都不能进入他们的朋友圈。

目标:想要成为核心团队中有价值的主要成员。

情绪智能蓝图

步骤	该怎么做
映现	你和他人有什么样的情绪? 我有一种被拒绝、孤立和疏离的感觉。另外,我还感到困惑,为什么,那些看起来和蔼可亲的人也在回避我。至于我的其他同事,我不确定他们都是怎么感受的。大家彼此相处得很愉快,但对我却显得冷漠和陌生。
匹配	什么样的情绪更有益? 我的孤立感有时会转为悲伤情绪,尤其是在会议上,他们都不理睬我的时候。我相信,他们是能看到我脸上流露出的痛苦表情。但我不想让大家认为我是一个情绪崩溃的人或是一个需要同情的人,所以我尽最大的努力隐藏自己的感受。这就是我不喜欢和他们在一起开会的原因。我只想让他们觉得,我也是一个有情趣、风趣、能和大家打成一片的人。这样,他们就会接纳我到他们的朋友圈中,并询问我的意见和看法。

续　表

步骤	该怎么做
解意	产生这些情绪的原因是什么？ 无论我怎么努力，我总是被大家拒之千里。我越是被拒绝，就越是变得悲伤和沮丧。我真的不清楚为什么同事们都对我视而不见。或许他们对我的晋升或我给公司带来收益感到很不满。这里面是不是有一定的嫉妒因素？我是公司核心团队中最年轻的成员，所以他们可能不太把我当回事。
移动	你将如何保持或移动这样的情绪？ 我不能再和同事们保持这种孤独状态，因为我知道，我其实是一个善良和蔼的人，也是一个杰出的领导者。在我们开会之前，我需提醒自己，为什么我会得到晋升，在会议期间，也要尽力寻找增加个人价值的机会，而不是坐在那里自怨自艾。我甚至要向大家展示内心深处脆弱的一面，让他们看到，这才是真实的我。一旦他们真正了解我了，并看到我对公司的贡献价值，我将很快被大家所接受。

所应用的策略：生理调节；自我对话；调节心境；选择处境。

情绪智能领导者蓝图的成果：我们的这一次会议简直就是一场灾难！我已做好准备来展示我个人的一面，但他们却显得更加无视我。我没有表现出悲观绝望的神色，但大家可能会清楚地看到，我的情绪也快要崩溃了。我渐渐振作起来，并坦然地告诉他们，因为大家对我的忽略，使我感到很孤单。很庆幸，当时大家都对我表现出极大的同理心，也解释了他们为何冷淡我的原因：我曾向大家询问过许多问题，但却缺乏倾听。因此，他们觉得是我低估了大家的工作经验，而不愿意接受大家的反馈意见。我可以体会到，以往我的那些幼稚问题和建议是怎样挫伤并回绝了大家的真诚奉献。他们还告诉我，现在大家因我能加入到这个团队非常高兴，更欢迎我的热情建议。我没有付出精力去了解和把握整个事态的发展，喜欢演说而不是倾听，这是一个宝贵的教训。从那以后，我开始更多地征求大家的意见，最终，我成为团队中必不可少的一员。

情绪智能领导者蓝图：常见的领导力挑战

17.情绪智能领导者蓝图：应对不满意的客户

背景：在过去的10年里，我们曾与客户建立了非常友好互惠的合作关系，为公司的成功发挥了重要作用。最近，我注意到有些事情发生了变化。在会议上，客户不像以往那样配合了，我们已有近一年的时间没有和他们有过任何新业务。作为公司销售高级副总裁，我担心可能哪里出问题了，因而要请客户前来会谈，共同商讨一下目前的局势。

目标：与客户沟通，并了解他们的需求，以及如何更好地为客户服务。

情绪智能蓝图

步骤	该怎么做
映现	你和他人有什么样的情绪？ 我担心我们的客户可能要终结我们之间的合作，并把他们的业务转移到别处。如果发生这种情况，我可能就会被视为是一个低效无能的领导者，也可能被免职，并失去员工、同事和老板的尊重。客户可能也意识到我们之间的关系出现了问题。上次见面时，我就注意到，这位客户显得很焦虑、不耐烦和急躁，甚至有些恼怒。

续　表

步骤	该怎么做
匹配	什么样的情绪更有益? 我差点让焦虑压倒了自己,我极力避免这种情况的发生。我需要安排一次会谈,实际听取一下客户的意见和反映,并对他们的反馈持开放态度,不管这些反馈有多恶劣。我还希望让客户知道,这些年来,我非常感谢他们的信任,感谢他们将业务交给我们来做,我需展现出自己最大的诚意和支持。
解意	产生这些情绪的原因是什么? 我知道我为什么担心与客户会面,因不清楚他们为什么对我们感到不满。我意识到,最近我并没有就什么对客户来说是重要的,以及我们是否已满足客户的需求与他们进行过交谈和沟通。因此,在下次会议上,我将重点关注他们的目标和如何支持他们实现这些目标。我还需要了解他们现在有什么问题,需要什么服务,以及怎样才能满足和解决他们的需求。
移动	你将如何保持或移动这样的情绪? 害怕失去客户的担忧使我没有马上征求他们的反馈。因此,我需要在这种不安的处境下移动自己的情绪。我要学会深度倾听,以确保我能理解客户的需求。我还要积极地反思以往的成功经验,并努力重建我们曾经拥有的良好关系。

所应用的策略:调节心境;自我对话;生理技术;匹配和验证;情绪联系。

情绪智能领导者蓝图的成果:我已安排好下周的会议,然后前往客户的办公室。坦率地讲,我事先曾注意到我们的关系发生了变化,但还想证实一下自己的判断。当客户看到我时,感到很惊讶,但还是感谢我的关心。他们并非很情愿地告知,由于他们正在进行内部重组,让他们对未来充满了不确定性。我和他们有相同的感觉,心里却轻松了许多,这毕竟不是因为我们的错误。我表现出自己的关怀和关心,并愿意提供任何支持以帮助他们。客户很高兴我能抽出时间拜访他们。遗憾的是,他们的重组确实导致了业务的减少,然而,我们所做的工作还是富有成效的,我们之间的关系纽带甚至比以前更为牢固了。

18. 情绪智能领导者蓝图：为有疑虑的同事做展示

背景：作为人力资源部门主管，我要向执行总裁汇报工作，并与其他高级副总裁紧密合作。目前，我们正经历着高人员流动率，对不公平劳动行为的抱怨，以及士气低落、客户服务不佳和生产率下降。我的任务就是制定一个扭转局面和改变现状的计划，并在下次的行政会议上提出和展示我的建议。

目标：提出有助于富有成效的讨论及结果的多种选项。

情绪智能蓝图

步骤	该怎么做
映现	你和他人有什么样的情绪？ 在整个职业生涯中，我从来没有这么紧张过。我觉得，我的工作成功与否就看这次展示了，我有些过于紧张。执行总裁和我的同事们都显得有些焦虑，因为我们还没有找出解决问题的方法。我很担心如果问题没有得到解决，他们会归咎于我。
匹配	什么样的情绪更有益？ 感到紧张其实不是一件坏事。我需要有点担心和焦虑，以有利于我全身心地专注于这一主题和仔细检查所有的选项。然而，我更需要确保自己能管控好恐惧和焦虑的情绪，这样，我就会全面考虑各种可能的解决方案，哪怕是一些听起来不太确定的提议。总之，我希望我的同事们能够接受我所提出的各种方案和建议。

续　表

步骤	该怎么做
解意	产生这些情绪的原因是什么？ 我现在处于进退两难的困境中，因为招聘、员工满意度和就业问题等都属于我的职权范围。我无法控制其他主管的所作所为而导致这些领域出现问题，但我希望能解决它们。我的同事们都感到很沮丧，因为这些问题并没有得到解决，他们宁愿回避，去做其他事情。他们还担心我们的客户可能会因此而离开，我们的员工也会因此而辞职。
移动	你将如何保持或移动这样的情绪？ 我确实感到有些紧张，我将花费很多时间来准备这次展示。我还会通过冥想、听令人放松的音乐和散步以进入宁静的心境。我要对会议上可能发生的事情进行情绪预测。人们会对我的展示和建议作何种反应呢？我要确定他们是乐于听取和接受我的建议的，所以，我需要在会议期间小心谨慎地观察他们的情绪。我将反复练习我要说些什么、如何去说，包括我的语气和肢体语言。我要在展示中始终保持积极乐观的态度。会议期间，我还将集中讨论我们的共同目标——如何提高员工和客户的满意度，并和大家一起分享我的改进意见。但我并不想让他们觉得我已经搞清楚了该如何做。我希望提供一些可能性，让大家都参与到这一有意义的讨论中，这样，在我们散会时，大家就会确立一个共同的目标，并对我们未来要做的事情做出坚定的承诺。

　　所应用的策略：调节心境；自我对话；生理技术；匹配和验证；情绪联系。

　　情绪智能领导者蓝图的成果：我的感觉是对的——这是我做过的最困难的展示。为了准备这一展示，我尽我所能做了所有能做的和想到的事先安排。当我知道我们将以最佳的精神状态来参与这次会议，我在早上就做了准备。我在建筑周围散步，并用了 30 分钟的时间来设想会议中的各个环节，我还做了深呼吸练习。我是以严肃的语气开始我的展示的，这样，大家就会明白我知道这次会议的重要性。我观察到那些负面情绪的迹象，它们确实出现了。我并没有忽略大家的情绪，而是敞开心扉，和他们共同分享自己的想法，同时认真倾听他们的担忧。大家可以看出我对目前所面临的问题是那样关注，并且也都感到欣慰，因为我已经有几个改善现状的想法。我越是多倾听大家的意见，就越会有更多的人参与到真诚坦荡的对话中。另外，大家也表示要对现在的局面承担责任，不会让我一个人背这个重负，这让我深感轻松。会议结束后，我们提出了扭转局面所需要做的各方面工作。尽管我们前面的路还非常艰难，但我们彼此之间和公司上下都更加团结一心。我感到非常快乐，因为我做了充分的情绪准备，所以能够成功地移动同事们的情绪以实现我们的目标。

19.情绪智能领导者蓝图：回应愤怒的电子邮件

背景：在过去的一年里,约翰和我都在同一个管理团队工作。我们相处得很好,经常在一些引人注目的项目方案上共同合作。目前的项目几乎就要完成了,明天,执行总裁将会通过最后的审核报告。今天,我突然收到约翰发来的一封措辞严厉的电子邮件,他指责我阻碍了这一项目,也没有做好分内工作。在邮件结尾,约翰还指责我不关心这一项目,并对我的行为表示失望。不用说,看了这封电子邮件,我沉思了很久。

目标：从专业角度回应邮件,并立即解决问题。

情绪智能蓝图

步骤	该怎么做
映现	你和他人有什么样的情绪？ 我对这封电子邮件深感惊讶,也对约翰指责我没有尽到责任而感到恼怒。同时,我也觉得自己很受伤害,为了完成这个项目,我几乎全身心地扑在工作上。显然,通过电子邮件,约翰表露了他的怒气以及所感到的沮丧,因为我令他失望了。
匹配	什么样的情绪更有益？ 我们两人现在的感受对双方而言都毫无帮助。如果我们要想在明天交付这一项目,我们必须要有团队合作精神和积极动力。

续　表

步骤	该怎么做
解意	产生这些情绪的原因是什么？ 这是一个不好回答的问题。约翰是一个做事很有条理的人，但我却不是。也许他认为我没有像他那样非常认真对待这一项目。我也意识到，自己并没有使约翰了解到最新的项目实施状态，也许他还没有认识到，现在我所完成的工作距离完成这一项目有多接近。由于精疲力竭，我感觉快到崩溃的边缘。我可能有些反应过度，但我确实无法理解自己为人处事的方式。
移动	你将如何保持或移动这样的情绪？ 我没有马上回应他的电子邮件，而是打算去见约翰本人。我原计划给他写封邮件，但在我见到他之前，我需要让自己冷静下来，以便虚心地接受他的反馈。我要对约翰坦诚，是我的不当做法使他感到忧虑不安，并询问他为什么会产生这样焦虑的感觉。同时，我还将认真倾听他的意见，看看是否能做些什么来纠正这种状况，而不是站在个人立场上进行辩护或反击。我将积极而认真地表达对自己所做工作的信心。另外，我也承认，我没有做好有效的沟通，以后应加以改正。最后，我还要征求约翰有关更好合作的其他建议，这样，今后就再也不会发生这种因沟通而产生误解的事件。

所应用的策略：调节心境；重新评估；自我对话；生理调节；选择处境；情绪联系；调节语气。

情绪智能领导者蓝图的成果：我去了约翰的办公室，这真是一个错误！虽然我的本意是好的，当我站在他的办公室门口——却一句话也说不出来！他已经很生我的气了，看到我来拜访更加生气了，并产生一种防卫心理。从事后来看，我应该通过邮件先询问他，何时方便见面。他请我走进办公室，这样，我就有机会把自己的心里话讲给他听，但这只是一个艰难的开始。谢天谢地，我带来了自己的笔记，上面写着我们的项目从哪里开始，以及我都做了些什么，他也逐渐轻松起来。约翰承认，自己是反应过度了，因为当他面临压力过大的时候，他对人就会变得超级紧张和不满。这是一次非常有效果的谈话，我们就如何在未来进行更有效的沟通达成了一致——尤其是在压力之下！

20. 情绪智能领导者蓝图：应对职场霸凌者

背景：我和信息技术主管戴文在一起工作有几个月了，他简直就是一个十足的职场霸凌者。我曾看到他动辄辱骂他人，现在他又把矛头对准了我，而且掩饰得很巧妙。例如，在会议上发表一些贬低性的、轻蔑的言论；在走廊上趾高气扬，对我视而不见；或对我的工作吹毛求疵，鸡蛋里挑骨头。我已经到了忍耐极限，如果不尽快改变这种现状，谁知道我会做些什么。

目标：与戴文进行卓有成效的对话，促使他停止其霸凌行为。

情绪智能蓝图

步骤	该怎么做
映现	你和他人有什么样的情绪？ 我为自己没有勇气和戴文直面对抗而感到羞愧。我也困惑，他为什么要欺凌人。我颇为痛心的是，一个公司的同事为什么要用这种方式对待我。我对戴文感到更愤怒的是，如此霸凌同事，他好像很理直气壮，认为你必须得受着。
匹配	什么样的情绪更有益？ 我知道我现在的感受对工作效率很有负面影响。我极力回避戴文，但是，我们的项目进度已经很落后了。我们应该通力合作，团结一心，把我们的工作做好，行为举止不能像学校里的有些孩子那样，随心所欲，凌驾于人。

续　表

步骤	该怎么做
解意	产生这些情绪的原因是什么？ 我小时候曾被坏孩子欺负过，戴文的霸凌行为勾起了我痛苦的回忆。我认为他就是喜欢威吓人，可能这会让他觉得自己很强大、非常有控制力。就我个人而言，我觉得这恰恰是他缺乏自信的表现，他的行为是他生活中曾发生某些事情所带来的结果。也可能我的这个想法是错的。
移动	你将如何保持或移动这样的情绪？ 我意识到，自己一直在评判戴文。其实，我并没有真正地了解他，对他也没有产生太多的同理心。或许，他这样做除了想成为一个恃强凌弱的人之外，还有其他因素。下一次他再欺负我，我要对他的行为予以反击。我不会再回避他，也不会以愤怒对愤怒，因为这不能解决问题。相反，我会将重点放在彼此共同的目标上。我会围绕着这一主题询问他一些问题。我会询问他，对我有哪些期望，同时，我也会告诉他我对他的期望。我需保持一种积极向上的心态，感谢戴文利用自己的优势给团队带来的贡献。我还想让他知道，我很愿意与他合作，主要看我们是否可以更好地了解对方，也许在午餐或者下班后一起喝杯啤酒。我相信，只要我们相互更好地了解和认识对方，戴文终会对其他同事和我停止霸凌行为。

所应用的策略：调节心境；重新评估；选择处境；情绪联系。

情绪智能领导者蓝图的成果：在我决定和戴文一起着手解决这一现状问题后不久，他在一次会议上再次欺凌我。当时，我的第一反应是不理睬他，但随后我想起了自己原定的计划。当天晚些时候，我要求和他见面。我设想了一个积极乐观的会谈,并做了充分准备,尤其是通过练习深呼吸使自己平静下来。我首先感谢他同意与我见面,然后又提及,我能感觉出来,他对我的表现还不满意,但我非常想知道,我们还需做些什么才能更有效地合作。起初,戴文不太理会我,只是反复地说,不要将他所说所做太放在心上,他只是在开玩笑。然而,我必须信任他,使他领会携手合作对我有多重要,他开始理解我谈话的宗旨。我告诉他,我非常希望和他建立一种友好的同事关系,并愿意更好地了解他。我还建议第二天我们一起去吃午餐。开始彼此都有一点尴尬,但事实上,我们之间有很多共同点。我发现他是一个狂热的高尔夫球手,我也是。于是,我们很快商定一起去打高尔夫球。在接下来的几个星期里,随着我们对彼此了解的加深,霸凌行为完全消失了。从那以后,我和戴文再也没有发生过任何问题。如果他继续进行这类行为,我就会和我们的人力资源主管来商讨这种现象。因为在职场,任何人都不应该被欺侮。

21. 情绪智能领导者蓝图：应对不确定性和波动性

背景：我们公司正在进行一次大规模的重组。在不到5年的时间里，这已经是第三次了。为了努力保持竞争优势，我们的市场也在不断地变化发展。我的团队正期待着我的安慰和鼓气，以获得稳定和支持。作为公司的高级副总裁，我只是希望自己能做到这一点，否则，我们都需要重新谋职了。

目标：帮助组织朝着积极乐观的方向发展。

情绪智能蓝图

步骤	该怎么做
映现	你和他人有什么样的情绪？ 虽然我们以前也经历过重组，但这次却让人们感到大难临头。焦虑和恐慌笼罩着大家，人人害怕因此而失去工作。近来，由于公司的发展受到重挫，我们更显得惶恐不安、沮丧和失望交加。而且，长时间的超负荷工作，又使我们觉得分外疲倦、筋疲力尽。
匹配	什么样的情绪更有益？ 我们的情绪就像一座山一样快要把大家压垮了，由此产生的行为迟早会导致我们走向绝望。我们中断了彼此之间的联系，也绝少沟通。如此消极的情绪是会蔓延的，正感染着公司上下的每一个人。显然，我们不应该对这一现状感到满意，我们需要的是更有效地合作和相互支持。

续　表

步骤	该怎么做
解意	产生这些情绪的原因是什么？ 在过去的 10 年里，我们公司一直是本行业的顶尖公司之一。我们享有巨大的增长和盈利能力，眼睁睁地看着它消失是令人无法忍受的。其实，也容易理解我们为什么会有这样的感觉，不过，我们现在的行为表现却远没有达到我们所需要的状态。
移动	你将如何保持或移动这样的情绪？ 作为一名公司高管，我需要和我的同事们一起来解决这一问题。我要围绕我们所经历的事情来促进沟通，这样才能消除大家的情绪对公司和员工所产生的消极影响。我们需成为员工的榜样，共同致力于如何实现公司的目标，并以积极乐观的态度展望未来。我们还需要激发员工，用公司的未来远景来鼓舞他们。我们更需要培育各级组织层面上的开放式交流，进一步增强包容性、透明度和积极性。当然，这需要从上至下的贯彻。总之，我们是一家卓越的公司，拥有杰出的产品，我们可以共同决定未来在哪里、如何才能蓬勃发展。

所应用的策略：调节心境；临场干预；情绪联系；调节语气。

情绪智能领导者蓝图的成果：我不得不跳出自己的舒适圈，与同事们倾诉我的忧虑。我不习惯表现出脆弱性，这会造成周围人的恐慌。但是，我们有责任站出来，以远见和目标来引导大家，一旦我能起到带头作用，大家就都会跟上。我们一致同意召开全体员工会议，重新凝聚斗志和重振情绪心态。而且，这不仅是一种宣传口号。我们知道，我们必须真诚，因为大家会一眼看透我们。这次员工大会让大家分享各自的感受，使他们对公司的未来前景感到振奋。这是一次具有强大感染力的会议，会后，大家充满了希望，并重新聚焦于一个积极的未来。我们也看到员工的士气有了显著的提升，也看到在压力下，我们该如何与他人沟通。下一次重组可能会再次发生，但我们已经掌握了沉着应对的方法和策略。

22. 情绪智能领导者蓝图：坦然陈述不受欢迎的信息

背景：我们有一款新产品将于下个月上市，每个人都欣喜若狂。这对我们公司来说是一个巨大的胜利。作为首席财务官，我却担心我们的目标过于分散。我更为忧虑的是产品质量问题可能会影响市场投放。公司总裁正在召集一个高层管理会议，讨论新产品的发布。每个人都好像信心满满，几乎没有人关心我所看到的问题。虽然我不是一个悲观主义者，但我已意识到，就要召开的会议很可能会出大问题。

目标：分享关注，让管理团队也参与合作讨论。

情绪智能蓝图

步骤	该怎么做
映现	你和他人有什么样的情绪？ 我感到有些紧张不安，因为我知道，我可能会被认为是一个惹是生非者，甚至是"杞人忧天"者。我还担心，如果我不把自己的感受说出来，公司可能会因为负面宣传而受到伤害。我的同事们都显得很兴奋，对新产品上市 5 年后的发展充满了期待。
匹配	什么样的情绪更有益？ 我知道这次会议将出现争议，我的担心会被视为对公司优势的弱化。我需要以一种实事求是的态度来处理这种情况，即以一种人们不会感到辩解或将他们拒之门外的方式来和大家共同商讨我的担忧。我很高兴，同事们都抱有积极乐观的心态，但这样做却分散了他们对将要发生的实际情况的注意力。

续　表

步骤	该怎么做
解意	产生这些情绪的原因是什么？ 我们公司一向发展良好、运行顺利。客户和员工似乎都很满意,利润虽然不高,但非常稳定。然而,我一直在阅读和关注行业报告,这些报告警示我们,未来的日子将会很艰难。我们的客户不再购买新产品,利润也开始不断缩水。我在董事会上多次提出这一问题,却总是被忽视。现在,我们即将推出一款可能会存在质量问题的新产品。我们不能在这方面犯错误,这一新产品的开发让我忧心忡忡。
移动	你将如何保持或移动这些情绪？ 作为首席财务官,我是具体负责数字或数据的人,我所提供的每周报告显示我们的业绩在持续下滑。我意识到我并没有感情用事,我的反应同样也不是情绪化的。事实和数字是不能作为故事讲述的。因此,我要改变通常呈现材料的方式,将行业数据与大家共享,或许还会播放一段与我们行业相关的视频,以展示我们正在看到的这种改变。我并不想让大家感到恐慌,所以,我会保持冷静和倾听,让信息说明一切。然后,我将参与大家的讨论,为了着手处理这些数据,我们能做些什么,以便我们在会后为公司和客户做出最佳决策。

所应用的策略：调节心境；情绪联系。

情绪智能领导者蓝图的成果：在后来的会议上,我让所有人都感到震惊。我没有拿出一份报告,只是用比平时更强烈的情绪,在口头上坦诚陈述了我们目前的财务状况。他们试图让我把注意力集中在积极的方面,但我还是紧扣主题,大家最终明白了形势的严重性,以及它可能给我们未来所带来的负面影响。我成为会场上的中心人物，通过各种不同的展示，使大家认识到，我们现在所处的具体状态和未来我们需要朝哪个领域发展，这样促使我们进入到一个富有意义的对话中。在散会时，大家已完全理解了会议的宗旨，并在 18 个月后成功推出了那个新产品。在产品延迟期间，我们又努力地解决了质量问题，并进一步加强了我们的发展基础。

23.情绪智能领导者蓝图：丧失工作动力和激情

背景：我在同一家公司已工作 32 年多，现在离退休还有 4 年。在我的职业生涯中，我做过许多种工作，几乎所有的工作我都很热爱。作为一家营业额达数百万美元的公司的财务运营主管，我领导着一支由 42 人组成的杰出团队。这些团队成员年轻、热情、聪明，并具有创新精神。我知道，即便我离开团队，他们仍然会继续前进，成长为出色的领导者。有时，我也拿不定主意是不是现在就该抽身离开，或者像我所见过的其他人那样，看着时钟往下混日子。近来，我不再渴望工作，尽管我还热爱我的团队，但我失去了工作激情、动力和主动性。我想，随着时间的推移，我可能会有不同的感觉，差不多一年过去了，现在是时候要理清我的心态到底发生了什么变化。

目标：重新焕发激情，投入到工作中。

情绪智能蓝图

步骤	该怎么做
映现	你和他人有什么样的情绪？ 我感到有些疲倦、无聊和闲散，我想我的老板和团队成员们似乎也有同样的感觉。我担心人们会认为我"退休在即"，他们希望我尽早离开。

续 表

步骤	该怎么做
匹配	什么样的情绪更有益？ 我很讨厌现在这种感觉。这不是真实的我。我一直对我所献身的工作充满热情。我需要重新找回以前那种感觉。更糟糕的是，这种低能量状态并不能帮助我应对挑战。相反，我需要全面考虑和参与这一问题。
解意	产生这些情绪的原因是什么？ 我在公司里已工作30多年了。我的团队成员都是专家，而我只需坐在一旁，看着他们各自发挥自己的专长。我闭着眼睛也能搞定我的工作，这样，我很无聊，毫无成就感，我知道，如果我现在选择离开团队，大家可能不会很想念我。
移动	你将如何维持或移动这样的情绪？ 当我在工作中感到最快乐时，我不得不反思：我都做了些什么？都和谁在一起？我很快意识到，我在指导我的团队时感到最快乐。因为我并不想事无巨细地管理或干涉大家的工作，所以我早已不再承担指导工作的职责。多年来，我也没有接受过具有挑战性的项目，我希望我的团队能发挥领导作用——这是他们自我发展的时代。我还意识到我已陷入对以往业绩的怀念中。与其无所事事、自怨自艾，不如即刻行动起来，重新找回自己。

所应用的策略：调节心境；情绪联系。

情绪智能领导者蓝图的成果：最终，我召开了一次团队会议，完全诚实地和他们分享了自己的感受。我告诉大家，我想结束作为他们老板的职业生涯，并需要做出一些改变。我在会上坦言，我非常喜欢指导大家，如果大家有兴趣，我也愿意继续协助他们的职业发展。我很高兴几乎所有的团队成员都接受了我的提议。我还和老板讨论了我的感受，后来我才知道，公司正在考虑实施一种新的财务系统，需要有人来领导这一项目。老板询问我是否还愿意担任领导职责，我欣然接受。现在，我又充满了工作热情，每天忙于指导财务系统项目和新的团队。我的工作动力又恢复了，每天都迫不及待地想去上班——至少在接下来的 4 年里都会是这样！

24. 高情商领导者的蓝图：构建政治智慧

背景：我在实验室里已经做了7年的科学家，当实验室主任突然离开去做另一份工作时，我被暂时提升为代理部门主管。几个月后，我开始正式争取这一职位，尽管我得到了这份全职工作的面试机会，但我以前的直接下属却获得到了晋升，并接受了这一职位。当我询问老板我为什么没有获得这一职位，老板告诉我，因为我缺乏"政治智慧"。就是这样——没有更多的解释，我真不知道下一步该怎么做。

目标：弄清楚什么是政治智慧，以及为什么我没有得到晋升，这样，我就可以成为我们公司另一份工作的可行候选人。

情绪智能蓝图

步骤	该怎么做
映现	你和他人有什么样的情绪？ 最初，我感到惊讶，几乎就是震惊，一旦消息得到证实，我又感到非常失望。后来，我就是很想知道为什么我没有获得这一职位，并满怀希望地认为，如果我知道自己为什么没有得到晋升，我在这个领域就会有所改进。不幸的是，老板没有告诉我出于什么原因，我再一次感到失望，并对老板很懊恼。现在，我则感到担忧，恐怕自己永远也无法被提升到理想的职位。

续　表

步骤	该怎么做
匹配	什么样的情绪更有益？ 我知道，无论是恐惧和挫折都不能帮助我弄清楚为什么我没有得到晋升。如果我表现出任何不愉快的情绪，就像吃不到葡萄说葡萄酸一样，以后再没有人愿意和我一起工作。相反，我只对自己的工作表现出兴趣，则会对我的新老板有所帮助。以后，我要努力弄清楚什么是政治智慧，以便提升自己。我要再次为自己的未来感到振奋，因为这将有助于自己保持学习的动力。
解意	产生这些情绪的原因是什么？ 我没有得到晋升，所以感到心烦意乱。我出生在美国之外的国家，作为一名女性，我非常清楚有些人对我的看法，我努力工作才有了今天的成就。我是本公司最好的科学家之一，我也知道，我可以为公司做出很多贡献。如果能成为实验室主任，自己就可以发挥更大的影响。因为公司没有选择我，我觉得自己永远都不会被选上，一生的梦想可能无法实现。以前的直接下属获得这一职位，对我来说是一种伤害，尽管我不认为这出于任何人的本意。
移动	你将如何保持或移动这些情绪？ 我竭力保持自己的积极心态，至少在公共场合。但我不认为自己能长久地维持这一假面具。另外，我也确实需要弄清楚为什么我没被录用。我知道我不能从自己的老板那里得到有关信息，所以我必须依靠自己来解决这一问题。我将以自我对话为起点，再结合深呼吸等生理技巧，通过寻找一些值得信赖的同事，来了解他们对这种情况的看法，以及他们是如何定义"政治智慧"的。一旦我得知自己没有获得晋升的真正原因，并做了一定的分析，我就会制定一个行动计划：或许参加领导力培训课程；或许聘请一位领导力教练帮我开发一些具体的策略，以助我在当前的工作环境中取得成功。我将因势利导，借助由此而产生的情绪，来提高我的技能和行为。

所应用的策略：调节心境；重新评估；自我对话；生理调节。

情绪智能领导者蓝图的成果：和一位领导力教练在一起工作了 6 个月后，我的身心焕然一新。我发现，潜在的问题是我没能与他人建立一种情绪联系。这就是我老板所说的缺乏政治智慧。这一模糊概念的具体行为定义，对我来说是合情合理的：作为一名科学家，我过于专注于自己的工作，而没有与同事们建立起个人联系。在 6 个多月的时间里，教练和我一起研究和培训我的人际关系形成技能。我还参加了情绪智能测试（MSCEIT），对自己的表现有了更多的自知之明，也经常与同事闲聊交往和参加各种有意义的对话。总之，我努力与周围的每个人都建立起关系往来。最终，我引起了实验室的高层领导的注意，被调到了一个新的部门，获得了新的头衔和晋升。

25. 情绪智能领导者蓝图：指导微观管理者

背景：8个月前，我被聘为我们公司一个部门的副主任，负责管理大约200名员工。我很幸运能带领这样优秀的领导团队。我聘请诺亚作为我的业务经理，负责监督审查财务、设施和承包服务。诺亚工作得很起劲，我对他的表现也非常满意。然而，最近我注意到这样的趋势：他的员工开始与我分享与他有关的信息。他们对他的控制欲和一些看似有敌意的工作场所中的行为表示关切和担忧。我同样担心，我努力创造的良好工作环境将会受到侵蚀。现在是时候要和诺亚谈谈了，弄清楚到底发生了什么。

目标：确定员工工作场所担忧的根本原因，并制定解决方案。如果这确是诺亚的行为问题，那么，我的目标是确保他能意识到，其行为可能会营造出一个充满敌意的工作环境，并帮助他与团队成员建立良好的人际关系。如果不是诺亚的行为问题，我的目标是让他通过不同的方式来解决文化的侵蚀作用。

情绪智能蓝图

步骤	该怎么做
映现	你和他人有什么样的情绪？ 我担心诺亚团队成员会带着工作场所问题来找我，而不是和他一起解决问题。令我吃惊的是，在他的员工来找我之前，我没有发现任何不当的地方。所以我有些焦虑，

续　表

步骤	该怎么做
映现	诺亚的行为可能会导致一个充满敌意的工作环境,人们可能会因此而离职,甚至向办公室和我提出申诉。另外,我也对他团队的担忧感到困惑,因为有的团队成员似乎还喜欢他的领导风格。这里真正的问题是什么呢?
匹配	什么样的情绪更有益? 我还没有和诺亚联系上,在我了解到底发生了什么事之前,不能急于下结论。当我见到他的时候,我需要冷静下来,沉着稳重,不抱任何成见。我希望他能知道,我非常重视他的团队成员们所关心的事情。我的担心和困惑在这里起不到什么作用,我不得不流露出一种忧郁,以显示对事态的关注,无论出现什么问题,我都需持更开放和反思的心态。
解意	产生这些情绪的原因是什么? 诺亚的工作表现和人情往来一直都非常出色,我们部门的许多人甚至都以他为榜样,他也指导过我们的许多新员工,所以,我很疑惑究竟发生了什么。重要的是,我曾要求所有的领导者都要以身作则。然而,当我看到诺亚写给一名员工的电子邮件时,我感到惊讶甚至失望。这是出自个人的、对自己团队成员的贬低。工作场所的申诉在任何办公室内都是有害无益的,我不希望它就发生在我的视线内。这种行为尽管不是很明显,但我以前怎么就没有看出来呢?难怪我只是跟着自己的感觉走。
移动	你将如何保持或移动这些情绪? 我很了解诺亚,他为自己能把工作做好,并成为一名出色的领导者而感到自豪。他以前是军人,非常忠诚,且笃信指挥系统。我知道,他会因为自己的员工来找我而感到不安和沮丧,还可能会因要和我不得不讨论这一问题而产生抵触心理,甚至变得局促不安。在我们谈话之前,我要使自己的头脑保持清醒,如果他变得很有戒心,我需提

步骤	该怎么做
移动	醒自己不要先做评论,希望他能意识到所出现的问题。然后我再告诉他,我很看重他和他的领导能力,但同时也要严肃批评他所表现出的那种具有破坏性的工作行为。

所应用的策略：调节心境；重新评估；自我对话；生理调节；情绪联系。

情绪智能领导者蓝图的成果：我正确地预测到诺亚对这一消息的反应。当我把有关员工告诉我的情况转告他时,他显得很惊讶。我注意到,他看起来窘迫不安,显出非常不舒服的样子,尤其是当我和他分享我了解的一些情况。最初,诺亚采取自卫,甚至指责自己的员工,但在我向他展示了那封电子邮件之后,他的态度出现了软化,变得更加尴尬。他告诉我,他一直渴望能担任现在的这一职位,并很想证明公司雇用他的决策是正确的。诺亚还告诉我,当员工们不按照他的要求去做时,他就开始感到恐慌,也变得更具有控制力和专制。我以同理心的心态倾听诺亚的叙述,同时也和他分享了一个我曾犯过类似错误的故事,并指导他该如何处理他和团队成员之间的分歧。他也意识到,授权给自己的团队要比告诉员工做什么,以及如何去做更重要。你必须通过自己的行动赢得尊重和信任,因此,诺亚已渐渐开始修复与其团队成员之间的人际关系,我们很快就会看到成效。

第三部分　问题、解答和相关资源

我们希望,上述蓝图对你有所帮助。如果你能认真研究这些蓝图,你可能会发现一些与你当前所面临的挑战相似的行动方案,再通过一些具体的剪裁和整理,你完全可以创建一个可满足自己特定需求的蓝图。当你开发自己的蓝图时,请通过 blueprint@eiskills.com 这一邮箱与我们联系,共同分享你从本书中所学到的知识。

来自领导者的关键问题和议题

我们曾与世界各地的领导者就情绪智能能力模型进行共同合作,听到了数百个相关问题、反对意见和争论。你可能对情绪智能及其在你的组织中的应用持高度怀疑态度。那么就让我们来回答和解决多年来我们所听到的一些问题和议题。

我们的文化不支持"情绪型"研究方法。有智慧和善于分析的人们常常对情绪智能心存一定的疑虑。我们也一样。如果情绪智能只是表现为自信、倾听和"友善",我们同样会抵制它的引进。然而,在我们的研究方法中,情绪是数据，也是信息的源头。通过我们的研究方法，你可利用情绪的原始力量来达到困难的目标。而且，我们强调，所有的情绪——悲伤、焦虑、愤怒、快乐和其他情绪——都是可以适应的、有益的和智能的。

我能不能开口问人们"你感觉好吗？"然后，再问另一个问题？ 我们认识到，你的文化可能不允许这样直接发问。相反，你也可以提出自己的提问方式，或许强调语气，或者模仿你自己。例如，当被问到"你感觉好吗？"，你可能会这样回答："很好，但是，还有点担心销售预测会议，不知道该做哪些准备。"我们都曾与那些官僚化的组织和正式的组织合作过，也都对"你感觉好吗？"这种发问方式留下深刻的印象，这样的问题并不违反这些组织的行为规范。

我们相信"强有力的领导者"，而不是情绪型的领导者。我们经常听到这种言论，尤其是在美国以外的国家，强有力的领导者们通常会给他们的组织注入一种紧迫感和自豪感。紧迫感来自于焦虑（一种情绪），而自豪感则来自于骄傲（一种强烈的情绪）。而且，强有力的领导者都知道这一点，情绪智能可以进一步巩固其强大的领导力，而情绪智能领导者不会在会上悲泣，也不会一直在谈论自己的感受。他们会利用和运用情绪力量来实现目标。关键是，你如何以一种熟练和巧妙的方式去开发情绪的能量。

我们已经做过这方面的培训。你可能做过情绪智能培训,但我们猜测,你还没有做过情绪智能能力模型培训,在这一模型中,情绪是有助于决策的数据。通过应用情绪智能蓝图和情绪智能的四种能力来思考情商的硬技能研究方法。

这些蓝图看起来好像很简单。 是的,它们并不复杂——一旦你列出挑战的目标,并把注意力集中在潜在的情绪原因上,蓝图就会生成。你所面临的挑战是如何解决当下的领导力问题,甚至,更好的是,应用结构化方法来解决基于情绪的各种问题,以避免从一开始就制造问题。每个蓝图,其实本身都很简单,但我们发现,要在任何关键情况下都能持续、有效地应用情绪智能,则需要大量的技巧和艰辛的努力。

我如何根据情绪智能来招聘员工? 这并不容易。情绪智能并不总是可见的。你可以使用我们的情绪智能测试(MSCEIT);但如果你使用这一量表测试情绪智能,一定要非常小心,要从职业分析开始。MSCEIT情绪智能测试重在提供对情绪智能概念的阐释,并证明情绪智能是一项关键的工作技能。如果你计划使用MSCEIT测量,其测试结果将有助于你确定面试问题。当然,永远不要只根据评估来招聘员工。

如你所说,愤怒也有益处吗? 的确,愤怒可以加剧变化,但是,带着怒气做事总不是好的行为。愤怒可以说是一种具有侵蚀性和危险性的情绪。你需要掌握高度先进的情绪管理技能,才能成为一个有效的愤怒管理者。本书中没有任何内容涉及使你成为一个不理智的人!如果你能成为掌控自己情绪的高手,你就能利用愤怒的力量来维护社会公正。坦白地讲,我们当中很少有人能做到这一点。以罗莎·帕克斯(Rosa Parks),马丁·路德·金博士(Dr. King)或圣雄甘地(Mahatma Gandhi)等人为例,就可说明,利用愤怒的力量为神圣的事业服务该是多么困难和罕见的事情。

情绪智能可以被从反面应用吗? 例如,你能用情绪技能来操纵他人吗?很遗憾,也许你能做到,这一点也是我们所关注的。如果使用得当,情绪技能会给每个人都带来积极的结果,但这种技能如果掌握在反面人物手中,就有可能给人们的生活造成严重破坏。当然,这种情况不太可能发生,出于这样几个原因。例如,研究数据表明,高情绪的人在马基雅维利主义(权术主义)层面上得分较低。另外,高情绪的人具有更好的、长期的高质量人际关系,这意味着,他们不会将自己的能力用于邪恶目的。同理心也在这里发挥作用——如果我感觉到你的痛苦,我就不会再故意伤害你。与此同时,还有一些研究表明,情绪管理和马基雅维利主义水平高的人能够并确实利用他们的能力来操纵他人。

我发现自己很难产生积极情绪,这是一个问题吗? 我们当中很少有人能均衡地处理好所有的情绪。有些人则倾向于生活在情绪地图的"中间"部分，体验不到强烈的情绪或波动。但是，如果你发现自己很难产生积极情绪，并且发现，自己在大部分时间内都感到悲伤，你就应该咨询有关专业人士。美国心理协会在其网站上曾有这样一个搜索功能：http://www.apa.org/helpcenter/。

我需要始终遵循这一研究方法吗？ 绝对不是。我们已经列举了一些有关反复无常的老板和职场霸凌的案例。让我们再明确一下，你绝不能容忍这种行为。如果蓝图规划不起作用，你必须采取行动，这意味着，你需将不可接受的状况提交给高级管理人员或可信任的人力资源专业人士。

附加资源

情绪智能测量——测量一个人的情绪智能程度，一般有三种方法：你可以让人们提供他们自身的评估；你还可以请他人来评估另一个人的情绪智能程度，或者你也可以给人们做情绪智能程度测试。一旦你选择了某种测量方法，你就需要根据，你是如何定义情绪智能的概念来开发测试情绪智能的测量项目。从我们的角度出发，测量情绪智能的最佳方法是通过能力测试，其中包括对感知（映现）、应用（匹配）、理解（解意）和管理（移动）等项目的测量。Mayer，Salovey，Caruso 情绪智能测试（MSCEIT）就是这种与众不同的能力测量，但是，它往往可对你的情绪智能技能提供一种令人关注的深刻见解。

相关著作——我们已出版了一本有关情绪智能管理的著作 *The Emotionally Intelligent Manager*，当然，其他作者也出版了许多有关情绪智能著作——尽管他们对情绪智能的研究观点与我们有所不同。哈佛心理学博士戈尔曼的《情商》一书曾将这一概念推向公共领域。戈尔曼的著作写得非常精彩,并对情绪智能的概念做了一定的扩展。另外一本关注职场情绪智能的著作是《情绪智能 2.0》(*Emotional Intelligence 2.0*),尽管其论述焦点与我们不尽相同。

研究论文——如果你有兴趣对我们书中概念背后的一些研究进行探索,可以考虑从阅读这些论文开始。当你探索这一领域时,请务必阅读完整的论文,以便理解研究者是如何定义和测量情绪智能的。

Cote,S.,DeCelles,K. A.,McCarthy,J. M.,Van Kleef,G. A. & Hideg,I.(2011). The Jekyll and Hyde of emotional intelligence:Emotion-regulation knowledge facilitates both prosocial and interpersonally deviant behavior. *Psychological Science*(22):1073-1080.

Joseph,D. L. & Newman,D. A.(2010). Emotional intelligence:An integrative meta-analysis and cascading model. *Journal of Applied Psychology* 95(1):54-78. doi:10.1037/a0017286.

MacCann,C.,Joseph,D.,Newman,D. Roberts,R.(2014). Emotional intelligence is a second-stratum factor of intelligence:Evidence from hierarchical and bifactor models. *Emotion* 14(2):358-374.

Mayer,J. D.,Caruso,D. R. & Salovey,P.

(2016). The ability model of emotional intelligence: Principles and updates. *Emotion Review*(8): 1-11.

Mayer, J. D. & Salovey, P. (1997). What is emotional intelligence? In D. J. Sluyter (ed.). *Emotional Development and Emotional Intelligence: Educational implications.* (pp. 3-34). New York: Basic Books.

Sheldon, O. J., Dunning, D. & Ames, D. R. (2014). Emotionally unskilled, unaware, and uninterested in learning more: Reactions to feedback about deficits in emotional intelligence. *Journal of Applied Psychology*(99): 125-137.

相关网站——互联网上有许多与情绪智能有关的网站,这是我们网站的一个链接:ltrleadership. com 和 eiskillsgroup. com。你还可以浏览美国心理学家 Jack Mayer 的网站 http://www. mypages. unh. edu/jdmayer。

相关组织——关注情绪智能的组织或团体,主要包括:

· 组 织 中 的 情 绪 智 能 研 究 联 盟 (http://www. eiconsortium. org/)

· 国际情绪智能学会(http://www. emotionalintel ligencesociety. org/)

MSCEIT 情绪智能测试

● MSCEIT 情绪智能测试介绍

我们是根据以下原则开发 MSCEIT 情绪智能测试的：

- 情绪对我们的成功至关重要
- 这些情绪技能可被客观地测量

技能的测量

人们的情绪技能是有差异的。

试图理解别人的情绪并不容易，预测情绪如何随时间的转换而变化也是极其困难的。理解情绪则涉及多种技能，而人们在这方面的能力尤其存在着相当的差异。有些人非常善于区分一个人在陷入困境时的勉强微笑和一个人在喜逢快乐时的纯真微笑。还有些人看到一个人的强颜欢笑，就断定这个人真的很开心。我们都知道，技能和个人特质是因人而异的，情绪技能自然也不例外。

情绪智能的测量

你可以通过多种方式来测量一个人的特质或技能。即你可以让某个人来评价他或她的技能,你还可以让其他人来评价这个人的技能,抑或你也可测量他们的实际技能水平。MSCEIT 情绪智能测试的得分就是根据一个人的情绪觉察准确性来体现该人情绪技能的实际水平。MSCEIT 情绪智能测试实际上可以被认为是一种情商测试。

● MSCEIT 情绪智能测试

MSCEIT 情绪智能测试测量的是梅尔—萨洛维模型中所定义的四种核心情绪能力。如果你想要测量一个人是否能准确地识别他人感受的能力,其中一种方法就是通过询问测试者是否知道照片中某人的面部表情究竟表达了一种什么样的情绪。例如,你向测试者展示一张表现某人显露轻微伤感的照片,而测试者却选择了一个表示该人感觉又惊又喜的答案,那么,这样的答案则被认为是错误的。

MSCEIT 情绪智能测试就包括许多这类问题,每一个问题都是为了测试一个人的情绪能力。下表列出了 MSCEIT 情绪智能测试中的 8 种问题。

能力	测试部分	问题类型
感知/映现	面部表情	识别面部的微妙情绪（理解一个人的情绪）
	风景图片	识别复杂风景地貌和设计中的情绪（理解房间或环境）

续 表

能力	测试部分	问题类型
促进/匹配	促进	评估不同的情绪对某个特定问题的效果（了解情绪如何影响思维，以使绩效达到最大值）
	感觉	将各种感觉与情绪联系起来（感受他人所经历的种种情绪，以建立情绪联系）
理解/解意	变化	关于情绪如何随时间转换而变化的多项选择题（预测人们在未来将如何做出反应）
	混合	关于情绪词汇定义的多项选择题（理解情绪，并能清晰地表达出来）
管理/移动	情绪管理	表明各种解决方案对内部问题的有效性（有效地管理自己的情绪）
	情绪关系	表明对涉及他人问题的各种解决方案的有效性（有效地管理他人的情绪）

MSCEIT 情绪智能测试共有 141 个问项。例如，面部表情部分有 20 个测试问项：5 种不同程度的面部表情分别代表了 4 种不同的情绪，本文的最后将列出几个问项示例。为客户设计 MSCEIT 情绪智能测试问题框架非常重要，因此，我们为我们的客户开发了一些特殊的说明和帮助屏幕：

> **重要说明：**
>
> MSCEIT 情绪智能测试的问题均是"与众不同的"，所以，你在接受测试之前，了解测试是如何进行的是非常重要的。另外，不要对某些问题的性质感到过于惊讶。
>
> 首先，MSCEIT 情绪智能测试的答案是从较好到较差。

换句话说，该答案有对错之分——有些答案你可能只得到少许分数。

其次，MSCEIT 情绪智能测试的问题并非问你个人的反应。你需要选择最有效的策略来获得想要的结果或最正确的答案。

再次，一些 MSCEIT 情绪智能测试问题可能与你所从事的工作无关。参加 MSCEIT 情绪智能测试的经历或许与你参加其他考试的体验不尽相同。

最后，MSCEIT 情绪智能测试以客观但间接的方式测量情绪技能。研究表明，其测试分数与现实生活中某些方面的绩效有关。

● MSCEIT 情绪智能测试的复杂性及其强大功能

曾有学者指出，MSCEIT 情绪智能测试与其他测试不同。问题的类型不同，所测试的能力不同，其评分的方式也不同。

管　理

我们的大多数客户都是在网上接受 MSCEIT 情绪智能测试的。他们登录一个网址，输入用户名和密码，然后完成评估。这时，系统就会自动地发送一封电子邮件，告诉我们，客户端已经完成了 MSCEIT 情绪智能测试。我们则可以马上收到分数,并下载到电脑中。另外,系统也提供纸质版本的 MSCEIT 情绪智能测试。答题纸将被邮寄或传真给测试发布单位 MHS(Multi-Health Systems),测试的分析报告将被传真或邮寄给测试者。在线系统的另一个杰出功能是,它不仅可以让测试者在客户端完成 MSCEIT 情绪智能测试,还可以向测试者发送电子邮件,显示他们在什么时候完成测试,以及完成这一测试需用多长时间。大多数客户一般需要 30 到 60 分钟来完成 MSCEIT 情绪智能测试。

得　分

MSCEIT 情绪智能测试有两个回答关键点。第一个关键点(普遍共识)是基于成千上万人的一致意见,以寻求更好和更差的答案。普遍共识的得分之所以有效,就是因为情绪传递了有关人的信息。第二个回答关键点(专家评分)是基于一组情绪专家的回答,在某种程度上有些类似于标准智商测试的回答过程。你还可以选用基于年龄、种族和/或性别的规范而生成的选项。情绪智能在这些组别之间确实有所不同,你的得分抉择将根据你选择的应用程序而有所不同。如果你不确定该选择哪种应用程序,我们倾向于使用无须更正的专家评分,简洁而明了。

报　告

标准的 MSCEIT 情绪智能测试报告可描述并列出测试者

情绪智能的实际得分状态。由于很难评估自己的情绪技能，许多测试者都对自己的测试得分感到惊讶，有时甚至是沮丧。这就是为什么我们要创建一个对测试者更友好的评估报告。这份发展性的报告能更全面地说明和阐述情绪技能。此外，该报告还包括一些存在的问题和建议，以协助测试者善用他们已拥有的情绪技能和开发他们所缺乏的情绪技能。

● MSCEIT 情绪智能测试的反馈不佳

我们发现，一般来说，人们评估自己的情绪智能水平的能力都较差。几年前，我们曾做过一个研究实践，在人们参加 MSCEIT 情绪智能测试后，询问他们认为自己在测试中的整体表现如何，以及每个部分的表现如何。统计分析显示，总体相关性仅为 0.17。实际上，这意味着，人们常常对自己的情绪智能测试结果感到惊讶。这有一定的道理，因为我们经常无法获得有关我们本人情绪能力的反馈。例如，如果我们不善于感知情绪，那么我们就会错过人们在互动不顺利时所发出的微妙信号。反之，我们认为一切都很好时，是因为我们已错过不匹配的语气和内容。这就是为什么我们要构建一种高度结构化的 MSCEIT 反馈研究方法，我们称之为能力模型。我们以客观的方式来测量情绪智能，继而将测试结果作为假设再进行测试，然后接受、修正或拒绝。

● MSCEIT 情绪智能测试的应用

我们在许多领域会应用 MSCEIT 情绪智能测试。以下是一些常见的 MSCEIT 情绪智能测试的应用例证：

- 遴选与晋升
- 职业发展
- 高级教练培训和领导力开发
- 咨询服务和治疗
- 研讨会和工作坊

●在遴选和晋升中应用 MSCEIT 情绪智能测试

应用 MSCEIT 情绪智能测试的优势

MSCEIT 情绪智能测试是一种能力测试，这意味着，应试者不能"伪造"他们的绩效。MSCEIT 情绪智能测试测的是其他测试无法测量的那类技能。

应用 MSCEIT 促进遴选和晋升的实例

如同任何一种用于选择目的的测试，工作分析是其中的关键。请牢记，情绪智能并不总是居于一种无比重要的地位，而且，可能或多或少与某些执行一种特定工作的情绪能力相关。因此，MSCEIT 情绪智能测试绝不能作为制定与工作相关的决策的唯一标准。我们建议在做出此类决策时，也要应用其他测评工具，以及尽可能多的工作绩效评级和推荐。

例如，一家服务公司的人力资源副总裁，他想提拔一位年轻女性瓦珥来替代一位年长男性威廉担任部门主管。虽然威廉是一位有才华的销售人员，但他却不是一位高效的团队经理。这位副总裁的想法是让威廉从事全职销售工作，而晋升瓦珥接替他的职位。鉴于这一职位的重要性，有人认为应该对瓦珥进行审慎的评估，以确定她的长处和她在承担这样一个具有挑战性的新职位时可能遇到的问题。于是，瓦珥接受了一系列测试，包括人格调查、兴趣调查、领导能力调查和 MSCEIT 情绪智能测试。其评估结果表明，她是一位努力工作、以团队为导向的专业人士，具有强烈的管理团队愿望。瓦珥的 MSCEIT 情绪智能测试成绩如下：

MSCEIT 情绪智能测试分数	低				高
总分					
感知					
应用					
理解					
管理					

瓦珥有时让人感到很失望，在某种程度上，她做不到令人完全信任——虽然不天真幼稚，但确实难以赢得大家的

信赖。结果是，与她曾经合作过的一个同事并没有像承诺的那样，参与项目的进行。作为一个部门主管，这样的风格很可能会导致严重的问题。

这样的问题主要体现在她在感知情绪方面的得分很低。然而，瓦珥还具有其他一些重要技能，其 MSCEIT 情绪智能测试总体结果表明，她是有潜力来激发和激励所有团队成员（应用情绪）的，并可预见人们该如何应对各种工作任务（理解情绪），同时做出有效的决策（管理情绪）。该副总裁最终决定将瓦珥提升为部门主管。当然，她还需接受一些培训，以使她清楚在事关重大时如何评估自己对他人的感知。

●在职业发展中应用 MSCEIT 情绪智能测试

应用 MSCEIT 情绪智能测试的优势

我们将 MSCEIT 情绪智能测试作为测试组合中的一部分，其中包括兴趣、价值观、风格和人格测试。MSCEIT 情绪智能测试并非是要取代这些测试，而是要增强人们对客户技能组合的理解。

典型的兴趣调查清单还包括技能自我评价。不幸的是，对技能和能力的自我评价并不总是那么准确。MSCEIT 情绪智能测试为职业顾问提供了一种客观的方法来检测客户的"人际知识和技能"。那些考虑从事服务型或辅助型职业的客户，也可能会得到更高的 MSCEIT 情绪智能测试分数。

应用 MSCEIT 情绪智能测试促进职业发展的实例

56 岁的珍曾是一名人力资源经理，作为再就业计划的一部分，她参加过一系列的评估。她对自己所掌握的技能非常有信心，而且她还可以当老师——重新进入企业，成为一名高管教练，或者转向领导力开发等领域。珍的 MSCEIT 情绪智能测试成绩如下：

MSCEIT 情绪智能测试分数	低				高
总分					
感知					
应用					
理解					
管理					

珍在情绪发展和成长等方面的表现还是不错的。然而，从其与就业指导老师的互动中可以明显看出，她有些"失常"，而误解了他人。另外，珍也难以与人沟通交往。MSCEIT 情绪智能测试结果为珍的职业发展提供了一个线索，那就是，她对自己的情绪洞察力和技情绪能的自我认知可能并不准确。对珍来说，职业选择需要解读和领会他人及其观点，以应对困境，但在高负荷状态下，这些似乎并

不现实。通过就业教育指导,最后,珍被安排到一个更适合她个人状况的人力资源行政岗位。

将 MSCEIT 情绪智能测试作为一个服务过程

MSCEIT 情绪智能测试的最佳特征之一,是作为其基础的能力模型。正如我们在前文所述,能力模型也可被称为情绪蓝图。让我们来看看,每一种 MSCEIT 情绪智能测试能力得分是如何帮助更好地服务你的职业发展客户的。

感知:在面试时,客户是否注意到对方那些细微的暗示?

应用:客户可否与他人建立一种融洽的关系? 他们能够生成一些替代计划和想法吗?

理解:客户能否表达他们对某种特定工作是如何感受的? 以及能否预测他们在求职过程中所流露的情绪反应?

管理:不管客户感到多么不舒服,他们会基于所有的事实来做出决策吗?

●在高管教练培训中应用 MSCEIT 情绪智能测试

应用 MSCEIT 情绪智能测试的优势

MSCEIT 情绪智能测试提供了一个独特的视角来看待个人的管理和领导技能。虽然大多数高级管理人员均认为管理评估具有重要意义和价值,但他们通常不会对自己的评估结果感到惊讶。当然，这些结果也是有益的，但MSCEIT 情绪智能测试自始至终提供的却是不同类型的信息。事实上，当这些高管们看到自己的情绪智能测试结果时，通常都会说"这真是一个与众不同的测试"。他们为什么要这样说呢？

如何应用 MSCEIT 情绪智能测试进行高管教练培训

与所有测试一样，MSCEIT 情绪智能测试可以帮助测试者开发有关客户的问题或假设。四个关键的情绪智能测试分数中的每一个都可以围绕关键的教练目标展开讨论。

MSCEIT 情绪智能测试	要问的问题
感知	这个人能很好地"解读"他人吗？
应用	他们有情绪联系吗？他们具有创见性的想法吗？
理解	他们是否对人做过充分的假设分析？
管理	他们是高效的决策者吗？

此外，通过使用情绪蓝图，高管们很容易理解，并以一种更广泛的方式来应用他们的 MSCEIT 情绪智能测试结果。

应用 MSCEIT 情绪智能测试促进高管教练培训的实例

杰瑞是华尔街一家大公司的营运经理。他被要求将其大部分员工从纽约重新安置到河对岸新泽西州的一栋新大楼里,那里距离纽约大约有 10 分钟的轮渡路程。杰瑞的大部分员工都住在新泽西州,所以均对此举表示欢迎,只有他和为数不多的几名员工仍然留在纽约。搬迁本身进展得很顺利,但在接下来的几周内,却出现了一些不寻常的人事问题。最初,这些问题主要是抱怨。杰里耐心地听取这些抱怨,然后再解决问题,并理解大家的抱怨。随着每一个问题的处理和解决,新的问题又出现了。这些问题出现的频率也越来越高,而且开始对公司的生产力产生明显影响。就在此时,杰瑞被推荐参加高管教练培训,以帮助他解决这些问题。

杰瑞的 MSCEIT 情绪智能测试得分如下:

MSCEIT 情绪智能测试分数	低				高
总分					
感知					
应用					
理解					
管理					

在杰瑞的案例中,MSCEIT 情绪智能测试的结果及时地证实和澄清了有关他的领导能力所涉及的问题。杰瑞在感知和理解这两个维度上的得分很高,这并不令人感到意

外：杰瑞非常善于感知员工对于搬迁所流露出来的各种心态。他也非常理解为什么自己的员工又产生了一种失落和茫然，以及这些感受是如何变化的（理解情绪）。然而，当杰瑞意识到并认为已理解了这些问题时，他却没有将这一情绪信息整合到其决策中。他也没有与这些情绪建立密切联系，反而将它们拒之门外，使其在他的思考过程中处于次要地位。杰瑞可以应对每一个具体问题，但没有解决这种真正的、潜在的、基于情绪的问题：即团队被分裂以及与自己隔断的那种感觉。MSCEIT 情绪智能测试的结果以及能力模型，则为杰瑞提供了对情绪的洞察力以及他由此增强自己的领导风格的发展过程。

●在咨询服务和情绪治疗中应用 MSCEIT 情绪智能测试

应用 MSCEIT 情绪智能测试的优势

评估可以帮助临床医生更好地确定其客户的优势和劣势，MSCEIT 情绪智能测试则在这一过程中提供了一组额外的数据。由于 MSCEIT 情绪智能测试可独特地评估客户的情绪技能，所以它特别适合应用在临床情绪治疗环境中。

应用 MSCEIT 情绪智能测试促进咨询服务和情绪治疗的实例

39 岁的威尔，是一名律师，最近在家里遇到一些问题,他的妻子感到被其忽视和误解了。有时,威尔处理问题很老练世故,有时,他又显得不太稳重,甚至有点"失常"。威尔很会说话,颇有口才,处理事情更是滴水不漏。威尔似乎对自己和他人都有深刻的洞察力,和他一起工作的治疗师也都很喜欢他,威尔在治疗过程中表现出色,常有自己独到的见解。很难想象,究竟是什么使威尔在他的生活中遇到如此多的困难,是因为他所表现的、复杂的情绪意识吗?就在这时,威尔接受了 MSCEIT 情绪智能测试。他的测试得分如下:

MSCEIT 情绪智能测试分数	低				高
总分					
感知					
应用					
理解					
管理					

　　威尔有时会对他人产生一种强烈的同理心(应用情绪),并能体验到他人的感受。他的情绪词汇非常丰富,如果他一开始的假设就是正确的,威尔就能准确地预测他人的情绪反应(理解情绪)。威尔的决策通常都会选定一个正确的目标,但有时似乎又完全偏离了过程(管理情绪)。威尔判断,无论是成功还是失败,看起来均源于他对自己或他

人感受的最初"解读"。当然,这种情绪化的解读常常是不准确的,或者是因为威尔缺乏意识或注意力,或者是因为其他一些因素(感知情绪)。

现在,威尔的情绪治疗师已经确定了造成威尔人际关系困难的根源:他们无须再耗费时间教授威尔情绪管理策略,也不需要帮助威尔培养其对他人的洞察力或同理心。相反,治疗工作的重点是创造更强的初始意识(initial awareness)。一旦威尔对情绪世界变得更加开放和敏感,他就会明了如何准确地关注他人,捕捉微妙和不那么微妙的情绪线索,然后将这些信息整合起来,得出他人是如何感受的结论。

●在培训研讨会和工作坊中应用 MSCEIT 情绪智能测试

应用 MSCEIT 情绪智能测试的优势

MSCEIT 情绪智能测试为培训研讨会和工作坊参与者提供有关其情绪技能的客观信息。这是一种不同寻常的测试,有助于人们更好地理解情绪智能的本质。MSCEIT 情绪智能测试还可应用于群体培训,主要包括:

- 情绪智能研讨会
- 社会技能训练
- 团队效能
- 职业发展及规划
- 自我探索工作坊

应用 MSCEIT 情绪智能测试促进培训研讨会和工作坊的实例

为了提高人们对情绪智能的认识，来自某组织的 18 个人曾举办了为期一天的工作坊。该工作坊主要是为了向参与者提供一些研究见解和学习知识，但我们非常谨慎，并没有承诺提供任何基于一天的团体工作坊之外的持久变革或发展！此外，如果本届讲习班进展顺利，组织者还希望在 6 个月内举行一系列为期半天的研讨会，包括个人发展规划讲座。18 名参与者也都收到一封电子邮件，要求他们在网上参加 MSCEIT 情绪智能测试，同时还提供了测试的截止日期，以及如何参加测试的说明。工作坊的工作人员会监控人们的报名进程，并在举办工作坊的前几天，联系少数没有参加 MSCEIT 情绪智能测试的参与者，要求他们保证在参加工作坊之前，先100％参加 MSCEIT 情绪智能测试，因为测试的内容构成了工作坊学习的基础。

工作坊是从亲身实践开始的，主要训练人们在观看宣泄情绪的材料时所表现出的中性情绪能力，然后再看其他人能否解读这些表情，并将其他的练习和角色扮演逐渐引入到对情绪智能的概述。接下来是关于 MSCEIT 情绪智能测试的讨论，许多人对 MSCEIT 情绪智能测试都有自己的看法！有些人还认为，这一测试"很奇特"或"有点怪异"，主要是指任务设计，以及有关颜色或感觉本质的问题。这是对 MSCEIT 情绪智能测试的一个很好的入门介绍——它测量什么和如何测量。最好的解释不是来自于指导者,而是来自于参与者。一些得分较高的人解释了对情绪的正确感受,创造性思维和情绪同理心可能与我们创造情绪的一种能力有关,然后才能实际感受到情绪。

根据这一介绍,在屏幕上显示出一份 MSCEIT 情绪智能测试示例报告,参与者被告知应如何解释几份不同的分析文件。这一报告还是一份发展性的测试成绩单,这意味着所报告测试分数是相对的模式,而不是那种高或低的具体分数。换句话说,相对优势和劣势是报告的基础。测试结果在课间休息前就可发给大家。每个参与者按照注册表的排列被安排与其中一位指导教练交谈,其他的指导者也留在房间里听取参与者的汇报。指导教练还利用实际的 MSCEIT 情绪智能测试分数创建了几个不同的小组。其中,有些人在某种情况下具有较强的情绪感知能力,另外一些人在某一领域具有较弱的情绪感知能力。指导者还特别强调,这些测试结果是保密的,不会要求或强迫任何人将其测试结果与其他工作坊的参与者分享。总之,MSCEIT 情绪智能测试和有关工作坊进一步提高了人们对情绪智能的认识。测试结果也为帮助人们更好地理解他们的情绪技能奠定了最初的基础。

● MSCEIT 情绪智能测试样本

面部表情

| 不幸福 | **1** | **2** | **3** | **4** | **5** | 非常幸福 |
| 不恐惧 | **1** | **2** | **3** | **4** | **5** | 非常恐惧 |

促进性任务

当你第一次见亲家时,带着什么样的情绪会对你有所助益?

	无益处				有益处
a. 轻微的紧张	1	2	3	4	5
b. 惊喜	1	2	3	4	5
c. 快乐	1	2	3	4	5

情绪自我管理

黛比刚刚度假回来。她感到非常宁静和满足。以下她的每一个行动都能很好地让其保持这种情绪吗?

行动 1:她开始把家里需要做的事情都列成一张清单。

等级:a b c d e

行动2：她开始考虑下一次度假的地点和时间。

等级：a b c d e

行动3：她认为，最好不要理会这种感觉，因为它无论如何都不会持久。

等级：a b c d e

(a)非常无效　(b)有些无效　(c)中性　(d)有些有效

(e)非常有效

作者介绍

大卫·卡鲁索（David R. Caruso）
博士是美国情绪智能（EI）技能集团
（Emotional Intelligence（EI）Skills
Group）的联合创始人。此外，他还担任
美国耶鲁大学情绪智能中心（Yale
Center for Emotional Intelligence）的合
作研究者，耶鲁大学耶鲁学院院长特别助理。卡鲁索博士
是著名的 Mayer，Salovey，Caruso 情绪智能测试
（MSCEIT）的合作者。他和同事彼得·萨洛维（Peter
Salovey）共同撰写了《情商》（*The Emotional Intelligent
Manager*）一书，已被翻译成中文，由高等教育出版社在
2016 年出版。卡鲁索博士曾发表了许多有关情绪智能和
领导力的研究论文，其中包括同行评审的学术期刊文章、评
论和论著中的有关章节。他还在世界各地培训过数千名的
情绪智能专业人士。

大卫·卡鲁索曾在美国凯斯西储大学（Case Western

Reserve University)获得心理学博士学位,并在耶鲁大学获得为期两年的心理学博士后奖学金。他还曾担任过有关市场调研、战略规划和产品管理等职位,领导过众多的产品开发团队,举办过销售培训研讨会,开发和实施过多种营销计划,并在美国和欧洲推出各种情绪智能培训新成果。联系方式:david@eiskills.com。

丽莎·里斯（Lisa T. Rees）是美国公民和移民服务局（USCIS）的一名经验丰富的领导者、教练和培训师。在为USCIS工作30多年后，丽莎领导其团队在整个机构实施财务系统和成本效率改革，然后又转行成为一名认证的领导力教练。

丽莎曾在美国山普伦学院（Champlain College）获得会计学和管理学学士学位，又在诺维奇大学（Norwich University）获得公共管理硕士学位。作为一名注册政府财务经理，丽莎又通过了情绪智能测试（MSCEIT）认证和鉴赏性调查（Appreciative Inquiry，AI）认证，以及其他一些有关领导力评估工具等认证，包括领导力实践问卷（Leadership Practices Inventory，LPI）和领导者朋友圈剖析。丽莎还是David L. Cooperrider鉴赏性调查中心的合作研究者，并在海军研究生院（Naval Postgraduate School）教授鉴赏性调查。

除了为USCIS工作，丽莎还拥有自己的咨询服务机构（LTR Leadership），可提供咨询，讲授工作坊和指导高管及其团队应用情绪智能和鉴赏性调查作为实践的基础。这是Lisa的第一本著作，另外，她在相关杂志上还发表了两篇重要论文。联系方式：lisareesvt@gmail.com。

致　谢

　　情绪是构成人际关系的基础，而事实又证明，是人际关系创造了情绪智能。约翰（杰克）·梅尔（John（Jack）Mayer）和大卫·卡鲁索（David R. Caruso）曾是美国凯斯西储大学的博士研究生同学。大卫和彼得·萨洛维（Peter Salovey），则是大卫在耶鲁大学做心理学博士后时就相识了。杰克和彼得在有关情绪研究的学术会议上结识后，发现他们有许多共同之处。他们的情绪智能理论均来自于一些非正式的讨论。

　　丽莎和大卫则相识于2011年的一个MSCEIT认证工作坊，现在他们共同执教MSCEIT工作坊，并且成为朋友。尽管，我们承认杰克和彼得在情绪智能研究方面的重大贡献，但本书是我们自己写作的，我们对书中任何有关权利要求，错误和遗漏承担全部责任。

　　我们还要诚挚地感谢特雷·盖德（Tere Gade）在编辑方面所提供的帮助（本书出现的任何问题都是我们的问题）。最后，需要感谢Good Book Developers的亚当·罗宾逊（Adam Robinson）将我们的愿望由文本变成了著作。

译者简介

沈燎，博士、副教授，浙江大学情绪智能发展研究中心负责人；浙江大学外国语言文化与国际交流学院党委副书记；浙江省高校心理健康教育研究会心理咨询委员会委员，国家二级心理咨询师。主要研究方向为大学生思政教育、团体辅导、大学生情商教育和心理健康教育等领域。近年来为浙江大学的研究生和本科生开设和讲授"情绪智能管理""情商科学：理论与实践""职业生涯规划"和"团体辅导：理论与实践"等公共选修课程。

张锦，心理学博士、浙江大学心理与行为科学系兼任教授；浙江大学情绪智能发展研究中心顾问。主要研究方向为情绪智能科学理论与模型构建、群体情商与团队绩效、情绪智能和组织效能，以及情绪智能与人工智能等领域。近年来在浙江大学为研究生和本科生讲授"情商科学理论与实践""情商概述与人格塑造""心理学与人工智能"等公共选修课程和专题讲座。